AMAZON KDP UND AMAZON MARKETING

Passives Einkommen mit Self-Publishing auf Amazon - Die Schritt-für-Schritt-Anleitung, um Geld im Internet zu verdienen.

Scientific Economics

Max Mittelstaedt

ISBN: 9798671576481
Independently published
Max Mittelstaedt
Friedrichstraße 112b
38855 Wernigerode
www.scientific-economics.com/coaching
info@scientific-marketing.com

Inhaltsverzeichnis

Abbildungsverzeichnis

Vorwort

Zu Beginn möchte ich Ihnen gleich eines sagen. Dies ist kein Ratgeber, um schnell reich zu werden. Es gibt im Internet so einige Experten, die behaupten, dass man mit dem Buchverkauf auf Amazon das schnelle Geld machen kann. Ich möchte das zwar nicht verneinen, aber vor allem die Menschen mit diesem Buch ansprechen, die den langfristigen Erfolg suchen.

Amazon KDP (Kindle Direct Publishing) und Amazon Marketing bedeutet vor allem viel ausprobieren, scheitern und weitermachen. Man muss Geduld mitbringen und die Fähigkeit besitzen, viele Dinge auszuprobieren. Eine gewisse Portion an Neugier kann also nicht schaden. Vor allem bei Amazon Marketing ist die Erfahrung Gold wert.

Viele Zusammenhänge kann man wissenschaftlich nicht erklären. Man muss vielmehr versuchen, ein Gefühl für die Vorgänge und Statistiken auf Amazon zu entwickeln. Diese Erfahrung, die ich sammeln durfte, sei es mit eigenen Buchprojekten oder mit den Büchern meiner Kunden, möchte ich mit diesem ausführlichen Ratgeber weitergeben. Das Buch soll Ihnen helfen, am Anfang Ihrer KDP und Amazon Marketingtätigkeit Geld zu sparen, indem Sie von Anfang an wissen, wie man erfolgreich ein Buch veröffentlicht.

Es gibt immer mehr Kunden auf Amazon. Auch die Zahl der Amazon Primemitglieder wächst stetig. Amazon hat nun mehr als 80 Millionen Primemitglieder (Fries & Bruns, 2019, S. 32). Davon profitiert auch Amazon KDP. Indem man Bücher veröffentlicht, hat man die Möglichkeit, wirklichen Mehrwert zu schaffen und Kunden glücklich zu machen.

Jeder kann Bücher auf Amazon hochladen. Egal, ob man sein eigenes Branding ausbauen, einfach etwas Geld im Internet verdienen oder bei der Bewerbung mit einem eigenen Buch glänzen möchte. Mit Amazon KDP hat jeder die Möglichkeit, seine persönlichen Ziele zu erreichen.

Alle im Buch genannten Namen oder Positionen sind selbstverständlich auf alle Geschlechter bezogen.

Amazon Kindle Direct Publishing (KDP) Schnellstart

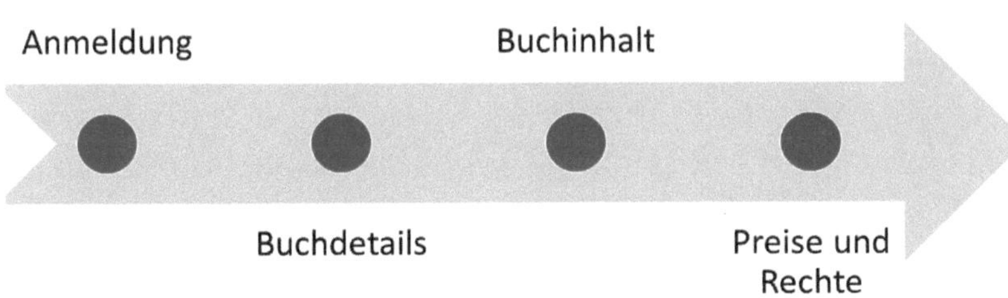

Abbildung 1: Schritt für Schritt Anleitung.

Die Anmeldung bei KDP

Zuallererst muss man ein Konto bei KDP erstellen. Der Anmeldeprozess ist aber nicht schwierig und sollte nur ein paar Minuten dauern. Für die Anmeldung bei KDP benötigt man: Name, Adresse, Telefonnummer, Bankdaten und Steueridentifikationsnummer.

1) Anmelden

Eine Anmeldung kann man auf https://kdp.amazon.com durchführen. Es gibt die Möglichkeit, sich mit einem bestehenden Amazon-Konto anzumelden oder ein neues Amazon-Konto zu erstellen. Man kann also das gleiche Konto für Amazon KDP benutzen wie für die Käufe auf Amazon.

2) Persönliche Daten eingeben

Unter „Mein Konto“ muss man Informationen zum Autor/Verlag angeben. Hier kann man nicht wie bei Büchern Pseudonyme angeben, denn anhand dieser Daten findet die Abrechnung statt. Man sollte also wahrheitsgemäß die Felder ausfüllen.

3) Eingabe von Zahlungsinformationen

Auf der Seite „Mein Konto“ kann man zur Bezahlung wechseln. Hier gibt es die Möglichkeit, das Geschäfts- oder Privatkonto anzugeben, über das die Tantiemenabrechnung (Bezahlung von Amazon) erfolgt. Dank des EZV (elektronischen Zahlungsverkehrs) erhält man die Auszahlung immer in der Landeswährung des Standorts. Wenn man beispielsweise Gewinn auf dem amerikanischen Marktplatz (amazon.com) erzielt, wird der Gewinn automatisch umgerechnet und in Euro ausgezahlt.

4) Steuerfragebogen ausfüllen

Hier muss man seine Steuerdaten wahrheitsgemäß angeben. Den gesamten Anmeldeprozess schließt man dann über das Speichern ab.

Das Dashboard

Die Benutzeroberfläche von Amazon KDP ist sehr nutzerfreundlich. Im „Bücherregal“ kann man alle Informationen zu seinen Büchern ändern und neue Bücher veröffentlichen. Unter den „Berichten“ findet man eine Auswertung seiner Verkäufe. Die Verkäufe werden dabei getrennt nach Taschenbuch und E-Book angezeigt.

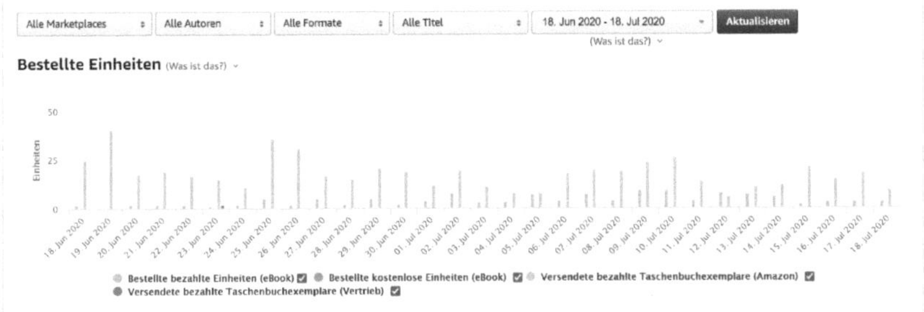

Abbildung 2: Übersicht bestellte Einheiten.

Man kann jederzeit nach Marktplatz, Autoren, Format oder Titel filtern. Unter den „verkauften Einheiten“ werden die gelesenen Seiten aus dem KDP Select Programm aufgeführt. Um die Anzahl der verkauften Exemplare pro Monat zu sehen, kann man auf den Reiter „Älter“ klicken. Dort sind die verkauften Exemplare als Summe aufgeführt.

Im unteren Bereich der Berichte befinden sich die verdienten Tantiemen. Dort kann man einen Bericht erstellen lassen. Einige zusätzliche Informationen gibt es im heruntergeladenen Bericht, z. B. wie viele Einheiten eines Buchs zurückgesendet wurden. Ansonsten kann man über „Hilfe“ oben rechts auf der Seite jederzeit den Support kontaktieren.

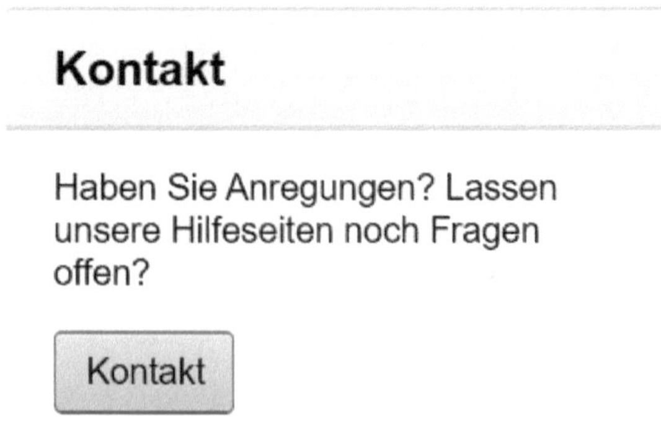

Abbildung 3: KDP Support.

Buchdetails ausfüllen

Bevor man die Buchdetails erstellt, muss man einen neuen Titel anlegen. Es bietet sich an, sowohl ein E-Book als auch ein Taschenbuch über Amazon KDP zu veröffentlichen. Die Eingabedetails sind dabei für beide Formate identisch.

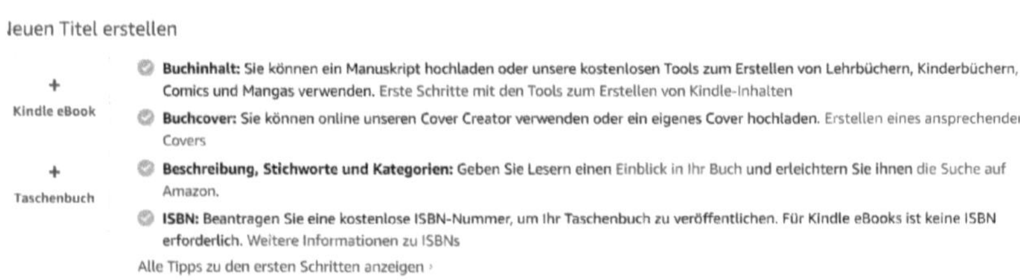

Abbildung 4: Neuen Titel erstellen.

Die ausgewählte **Sprache** sollte der Sprache des gewünschten Amazon Marktplatzes entsprechen. Die ausgewählte Sprache des Titels ist auf allen Marktplätzen neben dem Titel und bei den Produktinformationen ersichtlich.

Marketingmanagement: Die Grundlagen des Marketing einfach erklärt (Deutsch) Taschenbuch – 29. November 2019
von Max Mittelstaedt (Autor)

Produktinformation
Taschenbuch: 201 Seiten
Verlag: Independently published (29. November 2019)
Sprache: Deutsch
ISBN-10: 171309990X
ISBN-13: 978-1713099901
Größe und/oder Gewicht: 15,2 x 1,3 x 22,9 cm

Abbildung 5: Die Sprache des Buches ist im Titel und bei den Produktinformationen gekennzeichnet.

Der **Buchtitel** sollte mit dem Titel auf dem Cover übereinstimmen. Der Titel ist eines der wichtigsten Buchdetails und ein häufig verwendetes Suchattribut. Kunden auf Amazon achten natürlich besonders auf den Titel, da er eines der wenigen Kriterien ist, die man direkt in den Suchergebnissen einsehen kann. Es ist daher wichtig, dass der Titel keine beschädigten Sonderzeichen, überflüssigen Wörter oder fehlerhaften Formatierungen beinhaltet. Es gibt auch einige Inhalte im Titel, die gegen die Amazon-Richtlinien verstoßen:

- Verweis auf andere Autoren/Titel
- Verweis auf Marken
- Verweis auf Bestseller von Amazon
- Verweis auf Werbung oder Sonderaktionen

Bei einem Buch mit mehreren Geschichten kann man das Buch mit „Bücherset", „Serienpaket", „Zusammenstellung" oder „Serie" kennzeichnen. Wenn man ein Buch veröffentlicht, das auf einem anderen Buch aufbaut oder beispielsweise als Unterstützung dient, sollte man es am Anfang des Titels mit „Zusammenfassung", „Arbeitshilfe" oder „Analyse" kennzeichnen.

Der Titel plus Untertitel darf laut Aussagen von Amazon maximal 200 Zeichen lang sein. Im Eigentest kommt man auf eine Zeichenlänge von ca. 255 Zeichen. Auf jeden Fall erfolgt ein Warnhinweis, sollte man die maximale Länge von Titel und Untertitel zusammen überschreiten.

Der Untertitel enthält meistens zusätzliche Informationen zum Produkt. Er ist optional und muss nicht angegeben werden. Es empfiehlt sich dennoch, mit Untertiteln zu arbeiten, um das SEO zu verbessern (mehr dazu in späteren Kapiteln).

Die **Serieninformationen** bieten sich vor allem bei Romanen an. Gibt es von dem Buch mehrere zusammenhängende Teile, so kann es als Serie angelegt werden. Die Kundensuche nach anderen Büchern dieser Serie wird dann erleichtert. Der Serienname sollte dabei nur den Namen ohne Zahl enthalten, da die Zahl im zweiten Feld eingetragen wird. Die Seriennummer sollte nur eine einzelne Zahl sein (nicht „2 von 3“ oder „Buch 4“).

Bei Ratgebern empfiehlt es sich meistens nicht, eine Serie zu schreiben. Die Bücher müssten thematisch sehr gut zueinander passen. Weitere Informationen zum Serientitel und wie man ein Serienpaket erstellt, findet man auf:

https://kdp.amazon.com/de_DE/help/topic/G201757800

Die Erstellung ist anscheinend zur Zeit (2020) nur auf Amazon.com möglich: „Sollte es um das Erstellen einer Serienseite gehen, können wir Ihnen leider nicht weiterhelfen. Leider ist es uns nicht mehr möglich, Serienseiten für Amazon.de zu erstellen oder zu ändern.“ – E-Mail von KDP Support im Juli 2020.

Die **Auflage** beschreibt die Version des Buchs. Wenn es zum ersten Mal veröffentlicht wird, kann man das Feld frei lassen. Bei überarbeiteten Versionen kann man dann eine Zahl entsprechend der Version eintragen. Eine neue Auflage enthält wesentliche Verbesserungen im Inhalt. Eine neue Auflage muss dann auch als neues Buch veröffentlicht werden.

Für den **Autorennamen** kann man hier, anders als bei den Kontoinformationen, ein Pseudonym eintragen. Man kann auch generische bzw. allgemeine Autorennamen verwenden.

Im Feld **Mitwirkende** ist es möglich, weitere Personen, wie z. B. Editor, Verfasser des Vorworts, Erzähler, Übersetzer oder Co-Autor hinzuzufügen.

Die **Buchbeschreibung** ist eines der wichtigsten Buchdetails. Die Buchbeschreibung ist wichtig, weil sie der erste Berührungspunkt eines Lesers mit dem Inhalt des Buchs ist. Sie sollte Interesse wecken und den Kunden überzeugen, das Produkt zu kaufen. Wie eine Buchbeschreibung im Detail aussehen sollte, kann man in einem späteren Kapitel nachlesen.

Man kann dem Kunden helfen, das Buch zu finden, indem man die sieben **Keywordfelder** und die **Kategorien** ausfüllt. Kategorien sind weitläufige Themenbereiche auf der Amazon Webseite. Bücher können zu unterschiedlichen Genres hinzugefügt werden. Die Stichwörter sind hingegen viel genauer. Sie liefern eine spezifische Beschreibung des Buchs. Stichwörter sind meistens mit den konkreten Suchanfragen des Kunden verbunden. Man sollte sich bei seinen Überlegungen also stets in die Lage des Lesers versetzen. Zu diesem Thema ist vor allem das Kapitel „Amazon SEO“ passend.

Buchinhalte ausfüllen

Wenn man ein Taschenbuch veröffentlichen möchte, muss man eine **ISBN**-Nummer beantragen. Als Service kann man eine ISBN auch über Amazon beantragen. Wenn man eine ISBN von Amazon beantragt, kann man das Buch nur auf Amazon vertreiben. Man darf die ISBN nicht benutzen, um das Buch auf anderen Plattformen zu verkaufen. Eine ISBN kann im Nachhinein nicht mehr geändert werden. Sie ist mit dem Titel und Autor des Buchs verknüpft. Deswegen kann man später auch den Titel des Buchs oder den Autorennamen nicht mehr so einfach ändern.

Bei den **Druckoptionen** hat man Einfluss auf das Design des Produkts. Das Buch kann in schwarz-weiß oder in Farbe gedruckt werden. Außerdem kann man den Schwarz-Weiß-Druck auf weißem oder cremefarbigem Papier durchführen lassen. Weißes Papier lässt visuelle Elemente besser aussehen. Cremefarbiges Papier ist für die meisten Menschen angenehmer zu lesen. Der farbige Druck ist teurer als der in schwarz-weiß und daher meistens nicht rentabel. Die Wahl des Papiertyps hat keinen Einfluss auf die Druckkosten. Mehr Informationen zur Berechnung des Buchpreises und zu den Druckkosten gibt es in einem späteren Kapitel.

Beim **Format** des Buchs steht eine breite Auswahl an Größen zur Verfügung. Amazon gibt an, dass das beliebteste Taschenbuchformat in den USA 6x9“ (15,24x22,86 cm) ist. Der **Beschnitt** sagt aus, ob die Bilder bis zum Rand gehen oder davor zugeschnitten werden sollen. Bei der Ausführung des Covers kann man zwischen glänzend und matt wählen. Matt wird meistens für Romane und Belletristik benutzt. Das glänzende Cover wird oft für Kinder- und Sachbücher verwendet.

Das Manuskript sollte professionell gestaltet sein. Das Lesen ist ein visuelles Erlebnis, und deswegen ist auch das Design besonders wichtig. Das Buchcover ist dabei der erste Eindruck. Die Gestaltung des Buchinnenteils ist für das langfristige Lesevergnügen wichtig. Es bietet sich deswegen an, diese Aufgaben an einen Freelancer oder eine Agentur abzugeben.

Manuskriptvorlagen von Amazon finden sich auf:

https://kdp.amazon.com/de_DE/help/topic/G201834230

Covervorlagen für Amazon KDP finden sich auf:

https://kdp.amazon.com/de_DE/cover-templates

Wenn man eine Kindle E-Book-Datei erstellen möchte, gibt es einige Punkte zu beachten. Natürlich wäre es besser, das Manuskript einem professionellen Designer zu senden, der dann eine E-Book-Datei erstellt. Um Geld zu sparen, kann man am Anfang aber auch selbst versuchen, eine E-Book-Datei zu erstellen. Hierzu folgen nun einige Tipps:

- Man sollte für die Überschriften, den Titel und Untertitel die Formatvorlagen benutzen. So kann man später auch automatisch ein Inhaltsverzeichnis erstellen lassen. Außerdem sind die Metadaten dann richtig in der Datei hinterlegt.

Abbildung 6: Die Formatvorlagen benutzen.

- Mit den Formatvorlagen kann man dann automatisch ein Inhaltsverzeichnis erstellen lassen. Über Referenzen und Inhaltsverzeichnis kann man eine Erstellung vornehmen lassen. Dabei sollte man darauf achten, dass das Inhaltsverzeichnis mit Links erstellt wird. Bei einem Kindle E-Book-Reader sollte das Inhaltsverzeichnis klickbar sein. Es müssen also Links zu den Kapiteln hinterlegt werden.

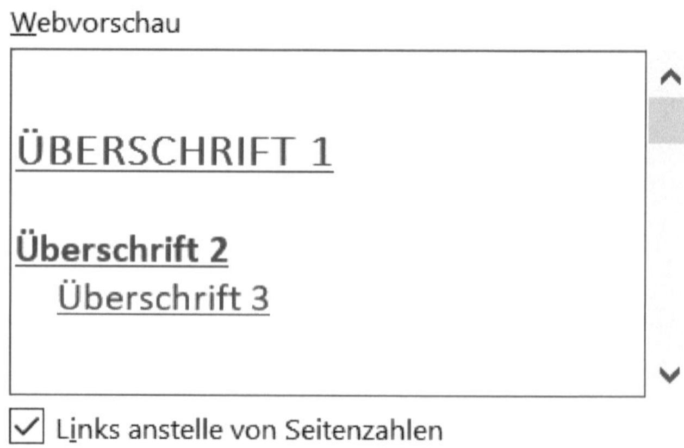

Abbildung 7: Ein klickbares Inhaltsverzeichnis erstellen.

- In jedem E-Book-Reader kann man andere Schriftgrößen, Schriftarten und Größen einstellen. Deswegen sollte man nicht eine neue Seite anfangen, indem man unzählige Male auf Enter drückt, sondern indem man mit STRG+Enter einen Seitenumbruch einfügt. Gedanken über Schriftart und -größe machen also auch keinen Sinn bei E-Books.
- Tabellen sollten als Bilder eingefügt werden, damit diese nicht abgeschnitten werden.
- Auch Links lassen sich sehr gut in Word einfügen. So kann man beispielsweise innerhalb des E-Books Links zu anderen Kapiteln einbauen. Man kann einfach auf „Einfügen > Links > Link > eigenes Dokument“ gehen und den passenden Link zu einem Kapitel einfügen lassen.
- Seitenzahlen sind übrigens bei E-Books unnötig, da die Seitenzahl von den Einstellungen des Lesers abhängt.

Bei Amazon KDP kann man ganz normal die Worddatei als E-Book hochladen. Wenn man die Worddatei allerdings auch in ein E-Book-Format bringen möchte, kann man verschiedene Tools verwenden. Die drei wohl bekanntesten Tools sind Calibre, das Kindle Create Tool und der Kindle Previewer. Alle Tools sind kostenlos und können ganz einfach im Internet heruntergeladen werden.

Das Cover Create Tool

Öffnen

1. Zum „Bücherregal“ navigieren und den Titel suchen, für den man ein Cover erstellen möchte.
2. Im Menü „Buchaktionen“ auf die Schaltfläche („...“) klicken und dann „Taschenbuchinhalt ändern“ auswählen.
3. Auf der Registerkarte „Taschenbuchinhalt“ nach unten zum Abschnitt „Buchcover“ scrollen und auf „Cover Creator öffnen“ klicken.

Bilder hinzufügen

Man kann ein Bild aus der Bildergalerie oder vom Computer auswählen. Beim Hochladen eigener Bilder in Cover Creator sollte man Folgendes sicherstellen (Amazon, 2020):

- Dass man die Veröffentlichungsrichtlinien erfüllt.
- Dass die Auflösung von mindestens 300 dpi (Punkte je Zoll) gegeben ist.
- Dass das Bild keinen anderen Text (z. B. ISBN-Code) überlagert und leserlich ist.
- Dass man eine Textfarbe verwendet, die sich von der Hintergrundfarbe unterscheidet, damit der Text lesbar ist.

- Dass die Datei, die man hochgeladen hat, eine Bilddatei (.jpg/.jpeg,.tif/.tiff,.png) ist.

Vorlage wählen

Man kann verschiedene Vorlagen einsehen und eine auswählen, die am besten den Bedürfnissen entspricht. Die Auswahl kann verfeinert werden, indem man innerhalb der Vorlage aus verschiedenen Layout-Möglichkeiten auswählt.

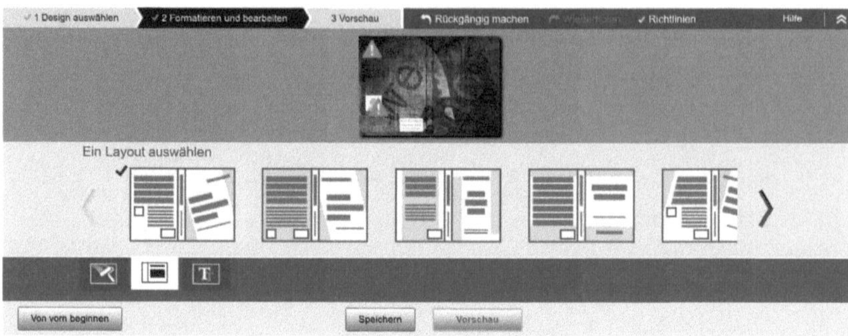

Abbildung 8: Weitere Layout-Möglichkeiten aufrufen.

Texte einfügen

Auf das Textfeld klicken. Der vorgegebene Text wird automatisch gelöscht und ein Cursor erscheint an der Stelle, wo man einen neuen Text einfügen kann. Wenn man auf ein Textfeld klickt, ohne einen Text einzugeben, verschwindet der Text auch in der Druckdatei. Nur Titel, Untertitel und Autorenname sind Pflichtangaben. Man kann den Text nach Belieben über die Formatänderungen anpassen. Auch das Autorenbild ist eine freiwillige Eingabe und kann als gestalterisches Element dienen.

Vorschau

In der Vorschau kann man die tatsächliche Druckdatei überprüfen und anschließend über „speichern und senden“ freigeben.

Eine JPEG-Coverdatei hochladen

Eine Coverdatei, die nicht mit dem Cover Create Tool erstellt ist, muss als PDF eingereicht werden. Es gibt auch die Möglichkeit, über einen kleinen Umweg eine JPEG-Coverdatei mit dem Cover Create Tool einzureichen. Dazu muss man folgendes Design auswählen und das Bildcover hochladen:

Abbildung 9: Bildcover hochladen. (Amazon.com, Inc., 2020)

Anschließend sollte man in alle vordefinierten Textfelder klicken, die dann automatisch entfernt werden. Beim Design mit dem Hinweis „Use with front cover image“ könnte man ein Taschenbuchcover aus einer E-Book-Covervorlage erstellen.

Preise und Rechte einstellen

Bei der Länderwahl kann man einstellen, in welchen Ländern man das Vertriebsrecht besitzt. Wenn man das Buch selbst geschrieben hat, ist es sehr wahrscheinlich, dass man hier weltweit einstellen kann. Damit der Verkauf des Buchs ausschließlich auf einem bestimmten Marktplatz stattfindet, kann man auch nur einzelne Länder auswählen.

Amazon KDP bietet zwei Tantiemenoptionen für E-Books an: 35 % und 70 %. Gemeinfreie Bücher sind nicht für den 70 % Tantiemenplan vorgesehen. Für Bücher mit einer sehr hohen Dateigröße sollte man eventuell auch den 35 % Tantiemenplan benutzen. Für die Lagerung, Verarbeitung und Auslieferung wird eine Servicepauschale berechnet, die bei der 35 % Option entfällt. Bei der 70 % Option muss sich der Verkaufspreis des E-Books zwischen 2,99 € und 9,99 € befinden. Es bietet sich eigentlich fast immer an, die 70 % Option zu wählen.

Man sollte beachten, dass der Unterschied zwischen Taschenbuchpreis und E-Bookpreis nicht zu groß wird. Ist man Experte auf einem Gebiet und möchte ein Taschenbuch für 34,99 € oder mehr veröffentlichen, ist der Unterschied zu einem 9,99 € E-Book schon sehr groß. Die meisten E-Books (in der Kategorie Sachbücher) werden aber tatsächlich in der Preisspanne von 2,99 € bis 9,99 € angeboten. Bei Romanen gibt es auch viele Bücher zwischen 0,99 € und 2,99 €.

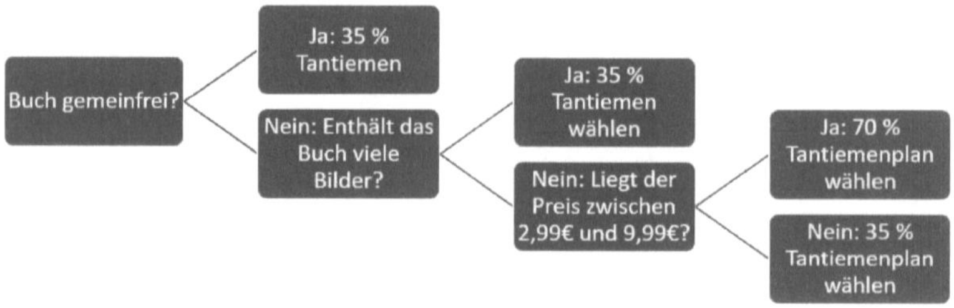

Abbildung 10: Tantiemenplan wählen.

Die Festlegung des Listenpreises ist ähnlich intuitiv. Es gibt nur den Unterschied zwischen E-Book und Taschenbuch zu beachten. Beim E-Book ist im manuell eingegebenen Preis bereits die MwSt. inkludiert. Gibt man also beim E-Book einen Preis von 9,99 € ein, erscheint dieser Preis auch für den Käufer auf Amazon. Beim Taschenbuch muss auf den Listenpreis noch die MwSt. hinzugerechnet werden.

Abbildung 11: E-Book Preisfestsetzung oben und Taschenbuch Preisfestsetzung unten; zu beachten sind die Listenpreise mit und ohne MwSt.

Der primäre Marktplatz sollte entsprechend der Spracheinstellung gewählt werden. Ist das Buch also in Deutsch verfasst, sollte Amazon.de ausgewählt werden. Ist das Buch in Spanisch geschrieben, Amazon.es, und so weiter. Es bietet sich an, ein Buch auch in andere Sprachen übersetzen zu lassen. Man kann eine viel größere Zielgruppe erreichen. Man sollte für jede neue Übersetzung auch ein neues Buch anlegen mit neuem primärem Marktplatz und neuer Spracheinstellung. Vor allem bei englischen Büchern ist es wichtig, die Listenpreise auf allen Marktplätzen anzupassen. Amazon rechnet den Listenpreis vom primären Marktplatz zwar automatisch in die Landeswährung um, es entstehen trotzdem oftmals krumme Beträge.

Wenn man das Taschenbuch in Buchhandlungen, Online-Shops, Bibliotheken und akademischen Einrichtungen vertreiben möchte, aktiviert man den erweiterten Vertrieb.

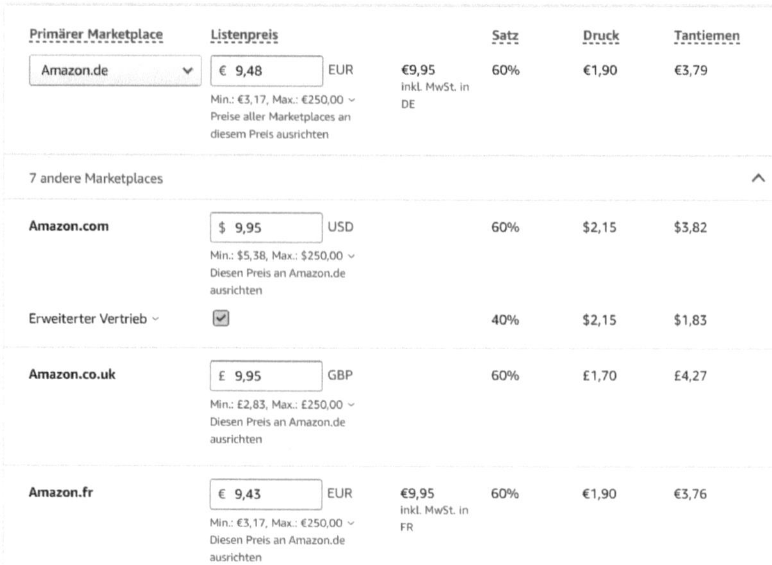

Abbildung 12: Internationale Preise sollten manuell angepasst werden.

Wenn das Buch bereits hochgeladen wurde, kann man Autorenexemplare bestellen. Wenn die Dateien hochgeladen wurden, das Buch aber noch nicht veröffentlicht ist, kann man Druckexemplare bestellen. Der Probedruck hat eine Aufschrift auf dem Cover: „Nicht zum Wiederverkauf bestimmt". Bei den Autorenexemplaren fällt diese Kennzeichnung weg. Man kann Autorenexemplare zu Druckkosten bestellen und eigenhändig weiterverkaufen, z. B. über einen Online-Shop. Man sollte aber die Buchpreisbindung in Deutschland beachten.

Nach der Veröffentlichung sollten das E-Book und das Taschenbuch automatisch miteinander verknüpft werden, so dass der Leser auf der Produktdetailseite aus den beiden Formaten auswählen kann. Sollte die Verknüpfung nach 2-3 Tagen noch nicht passiert sein, kann man auch über Authorcentral an den Support schreiben. Sie nehmen die Verknüpfung dann manuell vor.

Abbildung 13: E-Book und Taschenbuch sollten verknüpft werden.

Die Berechnung der Druckkosten

Die Druckkosten werden von Amazon automatisch berechnet und spielen deswegen in den Vorüberlegungen nur eine geringe Rolle. Man hat sowieso keine Einflussnahme darauf. Interessant zu wissen ist wahrscheinlich nur, dass es bis 108 Seiten auf Amazon.de einen Festpreis gibt. Ob man also 70 oder 90 Seiten drucken lässt, macht keinen Unterschied. Der Festpreis beträgt 1,90 €. Mit 100 Seiten kann man einen Kunden aber eher zum Kauf motivieren als mit nur 60 Seiten, obwohl man dieselben Druckkosten hat. Die Tantiemen sind bei Taschenbüchern auch immer gleich und liegen bei 60 %. Um vorab die Druckkosten berechnen zu können, gibt es einen Druckkostenrechner von Amazon KDP:

https://kdp.amazon.com/de_DE/help/topic G200735480 #royalty_calculator

KDP Select

Man kann ein E-Book in dem optionalen KDP Select Programm anmelden. Man hat dadurch die Möglichkeit, mehr Leser zu gewinnen, da diese über ihre Kindle Unlimited-Mitgliedschaft das E-Book dann kostenlos lesen können. Als Autor bleibt man natürlich nicht ohne Gewinn. Man bekommt eine Beteiligung an jeder gelesenen Seite. Eine gelesene Seite wird mit ungefähr 0,00277 € bezahlt oder 361 Seiten mit ungefähr 1 € (Berechnung = 83,97 €/30.284 Seiten; eigene Daten). Durch Aktivierung von KDP Select ist das E-Book für den 70 % Tantiemensatz in Brasilien, Japan, Indien und Mexiko qualifiziert. Außerdem stehen weitere Werbemöglichkeiten für KDP Select-Bücher zur Verfügung:

- Kindle Countdown Deal: Zeitlich begrenzter Preisnachlass verfügbar auf Amazon.com und Amazon.co.uk.
- Gratis-Werbeaktion: Für einen begrenzten Zeitraum erhalten Leser weltweit das Buch kostenlos.

Neben den vielen Vorteilen ist der eine Nachteil von KDP Select, dass das E-Book exklusiv auf Amazon angeboten werden muss. KDP Select betrifft nicht das Taschenbuchformat. Aus der Erfahrung heraus wiegen die Vorteile von KDP Select aber schwerer als der Nachteil, da Amazon sowieso der größte Buchmarktplatz ist. 2018 lag der Marktanteil von Amazon an den E-Book-Verkäufen bei 58,86 % und 2017 bei 55,55 %. (Readbox publishing GmbH, 2020)

E-Books, die gemeinfrei sind, sind nicht berechtigt, an KDP Select teilzunehmen. Eine Anmeldung bei KDP Select ist folgendermaßen möglich:

1. „Bücherregal" öffnen.
2. Im Menü bei „AKTIONEN FÜR KINDLE E-BOOK" neben dem Buch, das man registrieren möchten, auf die Schaltfläche („…") klicken.
3. Bei KDP Select Informationen auswählen.
4. KDP Select-Anmeldung durchführen.

Rechtliches und Steuern

Ein Impressum gehört in jedes Buch. Hierbei reicht es nicht aus, das Pseudonym zu nennen. In ein Impressum muss der bürgerliche Name plus Anschrift (kein Postfach). Das Impressum kann sich auf der letzten Seite befinden. Amazon

KDP gibt die ISBN und das „Imprint Independently published“ vor.

Ein Belegexemplar sollte nach Veröffentlichung bei der deutschen Nationalbibliothek eingereicht werden. Die DNB sammelt laut Gesetz Bücher, die in Deutschland veröffentlicht wurden. E-Books sind auch ablieferungspflichtig. Neben der DNB sollte man auch die Landesbibliotheken nicht vergessen. Offizielle Informationen findet man im Internet: https://www.dnb.de/DE/Professionell/Sammeln/Koerperliche_Medienwerke/koerperliche_medienwerke_node.html

Laut dem „Gesetz über die Deutsche Nationalbibliothek – DNBG – vom 22. Juni 2006 (BGBl. I S. 1338) sind Medienwerke innerhalb einer Woche nach dem Erscheinen unaufgefordert an die Deutsche Nationalbibliothek abzuliefern. Haben wir Kenntnis von einer Veröffentlichung, wird der Titel nach einer bestimmten Frist automatisch eingesammelt und beim Inhaber der Verbreitungsrechte in Deutschland gemahnt. Geht das Werk nach zwei Erinnerungen und einer Mahnung nicht bei uns ein, dann wird das Verfahren zur Ersatzvornahme eingeleitet. Können wir nach zwei weiteren förmlichen Anschreiben keinen Eingang der zwei Pflichtexemplare verzeichnen, lösen wir den Kauf des Medienwerks in doppelter Ausführung über den Buchhandel aus. Die Kosten werden dem Abgabepflichtigen in Rechnung gestellt.“.

Jeder ist für sein eigenes Vorgehen verantwortlich. Man kann eine frankierte Postkarte in dem Paket bzw. Umschlag mitsenden und um eine Bestätigung bitten, dass das Belegexemplar angekommen ist.

Wenn man im späteren Verlauf mit Freelancern zusammenarbeitet, muss man einen Beitrag in die KSK (Künstlersozialkasse) zahlen. Auch hierzu finden sich weitere wichtige Informationen auf der Internetseite:

https://www.kuenstlersozialkasse.de/

Man muss für Amazon KDP ein Gewerbe anmelden. Jedes Bundesland hat dabei leicht unterschiedliche Vorgehensweisen. Informationen findet man auch zu diesem Thema im Internet. Eine Gewerbeanmeldung ist nicht sehr aufwendig und kostet nur einen kleinen Betrag. Für steuerrechtliche Themen muss man einen Steuerberater aufsuchen.

Es gibt spezielle Versicherungen (z. B. Markel Media Pro), die rechtliche Schäden im Amazon KDP-Business abdecken. Man muss keine Versicherung haben, schaden tut sie aber auf keinen Fall.

Nicht der Leser bezahlt die Autoren, sondern Amazon. Jede Einnahme muss also mit einer Rechnung belegt werden. Für jeden Zahlungseingang muss eine Rechnung erstellt werden für das Finanzamt. KDP-Berichte reichen nicht für die Steuererklärung aus. Es sind also korrekte Rechnungen für die Steuererklärung notwendig. Die Rechnung muss nicht an Amazon gesendet werden. Amazon zahlt den Betrag sowieso. Eine Rechnung ist nur dafür gedacht, dem Steuerberater weiterzuhelfen und dem Finanzamt einen Beweis über die Einnahmen vorzulegen. Musterrechnungen findet man zahlreich im Internet.

Das Einkommen, das man über Amazon erzielt, ist kein Netto-Einkommen. Am Jahresende muss man je nach persönlicher Situation Steuern zahlen. Die Steuerzahlung sollte man sich bewusstmachen und sich darüber informieren. Es ist ratsam, einen Teil der Gewinne (40-50 %) direkt für die Steuer beiseitezulegen.

Als Gewerbetreibender ist man in der Pflicht, alles zu dokumentieren. Um eine klare Trennung zwischen Privat- und Geschäftsvorgängen vorzunehmen, kann man ein Geschäftskonto bei diversen Banken eröffnen. Man muss nicht nur die Einnahmen über Amazon erfassen, sondern auch alle Ausgaben für z. B. Freelancer. Für die Rechnungslegung und Buchhaltung gibt es diverse Tools im Internet, wie z. B. SevDesk.

Disclaimer: Ich bin kein Steuerberater oder Experte im Bereich Steuern. Daher sollten alle Informationen mit Vorsicht betrachtet und bei Anwendung immer von einem Fachmann überprüft werden. Dieses Buch stellt also keine Steuer- oder Rechtsberatung dar.

Das Buchlisting

Ein Listing beschreibt die Einstellungen und Änderungen, die man als Verkäufer auf Amazon an seinem Produkt vornehmen kann. Bei Amazon KDP besteht das Buchlisting aus folgenden Punkten:

- Titel und Untertitel
- Buchbeschreibung
- Preis
- Buchcover
- Produktinformationen
- Kategorien
- Bewertungen
- Blick ins Buch
- Autorenseite

Das sind die Einflussfaktoren, die den Erfolg bei Amazon KDP beeinflussen. Daneben gibt es natürlich noch weitere wichtige Erfolgskriterien, wie z. B. das Manuskript und die Werbung.

Warum ist das Buchlisting so wichtig? Anhand der oben genannten Punkte wird der Kunde seine Kaufentscheidung treffen. Der Kunde kann nicht vorab das gesamte Buch lesen und im Nachhinein entscheiden, ob er es kauft oder nicht. Er muss anhand der oben genannten Faktoren entscheiden, ob das Buch seinen Vorstellungen entspricht.

Um auf Amazon KDP Erfolg zu haben, müssen die Punkte optimiert werden. Hierbei hat man die Möglichkeit, besser zu sein als die Konkurrenz und den Kunden von seinem Buch zu überzeugen. Das Buchlisting spielt auch für den späteren Werbeerfolg eine große Rolle, aber dazu später mehr.

Für eine bessere Übersicht sollte man noch in Faktoren unterscheiden, die bereits in den Suchergebnissen zu sehen sind, und Faktoren, die erst auf der Produktdetailseite erscheinen.

Abbildung 14: Buchlisting in den Suchergebnissen.

Der Titel sowie der Untertitel, die Bewertungen, das Cover und der Preis sind bereits in den Suchergebnissen zu finden. Diese vier Faktoren müssen den Kunden überzeugen, sich das Buch auf der Produktdetailseite genauer anzuschauen.

Bevor der Kunde auf das Buch in den Suchergebnissen klickt, ist er nur interessiert an einem Thema und vergleicht die Suchergebnisse miteinander. Klickt der Kunde auf ein bestimmtes Buch, muss er nun konvertiert (überzeugt) werden. Die restlichen Faktoren müssen ihn von einem Kauf überzeugen. Er befindet sich also auf der Buchdetailseite in einem anderen mentalen Zustand.

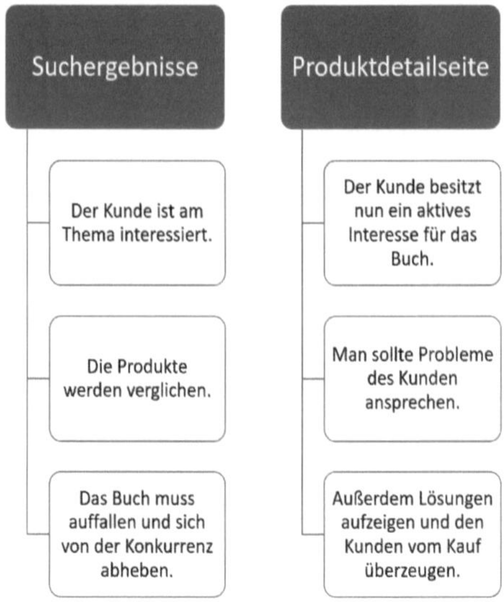

Abbildung 15: Unterschied Suchergebnisseite und Produktdetailseite.

Die Buchbeschreibung, die Produktinformationen, die Bewertungen (in Textform), die Autoreninformationen und der „Blick ins Buch“ sind erst auf der Produktdetailseite zu erkennen. Die Produktdetailseite beschreibt die letzte Seite, die der Kunde ansehen kann, bevor er den Kaufprozess auf Amazon startet. Man kann es ganz einfach selbst ausprobieren und sich durch die verschiedenen Buchlisting-Ebenen auf Amazon klicken, um ein Gefühl für die Einflussfaktoren auf die Kaufentscheidung des Konsumenten zu entwickeln.

Der Titel und der Untertitel

Das am häufigsten verwendete Suchattribut ist der Titel. Für Titel und Untertitel des Buchs sind ca. 200 Zeichen vorgesehen. Der Titel ist weitaus wichtiger als der Untertitel. Für Amazon SEO sollte der Titel das „wichtigste“ Keyword enthalten. Darauf wird in einem späteren Kapitel noch eingegangen. So viel sei bereits verraten: Amazon SEO und somit die Wahl des Titels und Untertitels beeinflusst die Platzierung des Buchs in den Suchergebnissen bei Amazon. Ein Keyword ist ein Suchbegriff des Kunden, den er in die Suche bei Amazon eingibt, um neue Bücher zu finden. Ein Suchbegriff sagt aber nichts darüber aus, wie erfolgreich ein Buch wird. Es gibt noch viel mehr Faktoren. Schaut man sich an, welche Begriffe im Titel verboten sind, kann man die breite Masse an Möglichkeiten etwas einschränken:

- URLs
- Rechtschreibfehler
- Verweis auf Verkaufsränge (z. B. „Bestseller")
- Ausschließliche Verwendung von Satzzeichen (!!!!)
- Markenrechtlich geschützte Begriffe
- Bereits vorhandene Titel
- Begriffe wie z. B. „Bücherset" oder „Paket"
- Nicht autorisierter Verweis auf andere Titel oder Autoren
- Verweis auf Werbeanzeigen oder -aktionen (z. B. „kostenlos")

Ob ein Titel bereits vorhanden ist, kann man über Buchhandel.de herausfinden. Hier kann man einfach in die Suche den gewünschten Titel eingeben und sehen, ob dieser bereits vergeben ist. Einen spezifischen Buchtitel könnte man natürlich auch versuchen, über Amazon zu finden.

Der Titel muss mit dem Titel auf dem Buchcover und mit den Angaben im Manuskript übereinstimmen, sonst kann es passieren, dass Amazon KDP das Buch nicht zur Veröffentlichung freigibt.

Als sehr offensichtliches Merkmal achten Kunden besonders auf Fehler in Titeln und erkennen die Qualität des Buchs nicht an, wenn Rechtschreibfehler, falsche Formatierungen oder zu viele Werbewörter verwendet werden.

Obwohl die Auswahl des Untertitels nur optional ist, ist es ratsam, auch hier eine weitere Beschreibung in Kombination mit Suchbegriffen hinzuzufügen. Der Untertitel ist ein untergeordneter Titel, der zusätzliche Informationen zum Inhalt des Buchs enthält. Weitere Informationen zur Wahl des Titels und des Untertitels findet man im Kapitel zur Nischensuche.

Passend zum Genre sollte der Titel formuliert werden (Wagner, 2020). Sachbücher benötigen also beispielsweise eine viel professionellere Sprache als Kinderbücher. Bei Sachbüchern könnte man direkt im Titel Fachbegriffe einbauen. Bei Romanen könnte man im Titel ganz konkret auf die Handlung hinweisen. Wörter wie z. B. „Mord“ oder „Sweet Romance“ machen dem Leser auf den ersten Blick klar, um welchen Buchtyp es sich handelt.

Ratgeber müssen weniger kreativ im Titel sein, sondern vielmehr auf den Suchalgorithmus abgestimmt sein. Abstrakte Wortgruppen, wie es im Romanbereich üblich ist, sind hier unangebracht. Wortgruppen wie z. B. „Kopfsache“ oder „Finde deinen Weg“ sind nicht ratsam für das Marketing (Wagner, 2020).

Anstelle von Keyword-Bashing (möglichst viele Suchbegriffe im Titel aneinanderreihen) sollte man versuchen, sich auf 1-2 wichtige Keywords zu fokussieren. Wichtige Keywords sind solche, die zum Thema passen, eine Zielgruppe ansprechen, hohes Suchvolumen haben und möglichst wenig Konkurrenz. Natürlich muss man einige Abstriche machen. Alle Faktoren wird man mittlerweile nur noch schwer erfüllen können.

Man sollte das Suchvolumen eines Keywords nie mit den tatsächlichen Käufen verwechseln. Wird ein Keyword im

Monat 200 Mal gesucht, heißt das nicht, dass auch 200 Verkäufe unter dem Suchbegriff stattfinden. Es kann auch sein, dass bestimmte Suchbegriffe vor allem dazu dienen, zu stöbern und Produkte miteinander zu vergleichen (Kelm, 2019, S. 70). Spezifischere Suchbegriffe könnten dann eher dafür da sind, den Kauf abzuschließen. Das Suchvolumen findet man mit vielen Tools heraus, die noch vorgestellt werden.

Nehmen wir als Beispiel das Buch „Marketingmanagement (Titel) – Die Grundlagen des Marketing einfach erklärt! (Untertitel)“. Es gibt zwei Suchbegriffe mit hohem Suchvolumen: „Marketing“ und „Marketingmanagement“. Damit steht das Thema des Buchs fest und jeder Kunde kann sich direkt etwas darunter vorstellen. Des Weiteren wird die Zielgruppe genauer angesprochen. Das Buch ist für Schüler, Studenten und Anfänger geschrieben. Deswegen sprechen die Begriffe „Grundlagen“ und „einfach erklärt“ diese Zielgruppe perfekt an. Wäre es ein Buch für Experten, könnte man schreiben: „Marketingmanagement – Marketing für Experten – alles, was Sie als Profi über das Marketing wissen müssen“.

Da der Markt voll ist mit Ratgebern, die wichtige Schlüsselbegriffe verwenden, muss man sich vorher genau überlegen, wie man die Zielgruppe ansprechen kann. Längere Titel mit Hinweisen auf die Zielgruppe oder direkter Ansprache der Zielgruppe mit Hilfe des Wortes „für…“ sind daher ratsam. Man sollte sich von der Konkurrenz unterscheiden.

Immer mehr Kunden kaufen über die Amazon App ein, die mittlerweile dauerhaft in der Kategorie „Shoppen“ im App Store unter den Top 10 ist und über 15.000 Bewertungen hat. Angeblich werden sogar bereits 50 % der Produktabrufe über die App getätigt (Kelm, 2019, S. 82). Es werden also immer mehr Bücher mobil gekauft. Hierbei sollte man beachten, dass die Titel- und Untertitellänge in der App nicht so umfassend ist wie auf dem Desktop.

Abbildung 16: App-Suchergebnis (oben) vs. Desktop-Suchergebnis (unten).

Schlussfolgernd sollte man also die wichtigsten Begriffe in den Titel schreiben. Die Wörter, die auf jeden Fall angezeigt werden sollen, an den Anfang des Titels und des Untertitels. Die mobile Titellänge in der App lässt sich nicht genau bestimmen und schwankt um ca. 60 Zeichen (Kelm, 2019, S. 161) bzw. wird bei ca. 70-100 Zeichen abgeschnitten (Fries & Bruns, 2019).

Außerdem vermutet man, dass kurze Titel besser performen (Kelm, 2019, S. 162). Erfahrungsgemäß stimmt diese Aussage. Die Vermutung hängt wahrscheinlich stark mit dem Amazon Algorithmus zusammen, auf den in einem späteren Artikel noch eingegangen wird. Kurze Titel mit wenigen prägnanten Keywords sind einfacher für den Algorithmus zu verstehen. Die Amazon Software (Algorithmus) kann automatisch und sehr einfach analysieren, worum es geht, wenn der Titel kurz und präzise gehalten ist. Das ist ein weiterer Grund, kein Keyword-Bashing zu betreiben. Die Keywords im Titel ranken sehr gut und sind wohl für die höchsten Platzierungen in den Suchergebnissen bei Amazon verantwortlich.

Wenn man keine sinnvolle Verknüpfung der einzelnen Keywords im Titel und Untertitel findet, kann man sich sogenannter Texttrenner bedienen. Texttrenner sind Zeichen, wie z. B. /, [] oder (), die helfen, die Suchbegriffe optisch voneinander zu trennen. Es ist aber ratsam, zu versuchen, die Suchbegriffe inhaltlich zu verbinden und nicht einfach durch Trennzeichen optisch zu trennen. Besser: „Die Grundlagen des Marketing für Anfänger einfach erklärt“ als „Grundlagen Marketing / einfach erklärt (für Anfänger)“.

In einem starken Zusammenhang mit der Wahl des Titels steht auch das Thema Nischenrecherche, das in einem späteren Kapitel ausführlich behandelt wird.

Das Cover

Auch beim Cover gibt es bestimmte Vorgaben, an die man sich halten muss. „Der Titel, Untertitel, Name des Autors und die Serieninformationen auf dem Cover müssen den Einträgen in den zugehörigen Metadatenfeldern entsprechen. Cover, die möglicherweise irreführend sind, weil sie sich stark am Layout, am Farbschema, an den Schriftarten und/oder Bildern eines anderen Buchs orientieren, sind nicht zulässig.“ – so Amazon KDP (Amazon.com Inc., 2020).

In ein professionelles Coverdesign zu investieren, gehört schon zur Pflicht bei Amazon KDP. Wenn man nicht professionell mit InDesign, Photoshop, Gimp etc. umgehen kann, sollte man definitiv die Covererstellung abgeben. Das Cover Create Tool von Amazon ist zwar kostenlos und einfach zu bedienen, sehr schöne Cover lassen sich damit aber meistens nicht erstellen. Leser beurteilen ein Buch anhand des Covers. Der erste Blick wird, neben dem Titel, auf das Cover gerichtet. Das Ziel von Cover, Titel, Preis und Bewertung muss es sein, den Kunden auf die Produktdetailseite zu bringen.

Wenn der Designer nicht selbst das Bild für das Cover besorgt, findet man gute Bilder zu vernünftigen Preisen auf unterschiedlichen Plattformen. Achten sollte man besonders darauf, dass man eine Lizenz erwirbt, die auch für den Verkauf von physischen Produkten vorgesehen ist. Plattformen sind beispielsweise:

- Depositphotos
- Shutterstock
- Adobe Stock
- iStock

Man sollte auf keinen Fall kostenlose Bilder aus dem Internet einfach so benutzen, sondern immer eine Lizenz erwerben, die man auch nachweisen kann. Möchte man eine möglichst kostengünstige Covervariante erstellen lassen, kann man bei Designern nach einem „Premade Cover" fragen (Wagner, 2020). Manche Designer haben vorgefertigte Vorlagen, bei denen man nur noch die Daten und ein Bild ergänzen muss. In der Regel bezahlt man einen Coverdesigner aber für ein „Custom Cover", also eine individuelle Covererstellung. Plattformen, auf denen man Designer findet, sind vielfältig:

- Fiverr.com
- 99designs.de
- Machdudas.de
- Upwork.com
- Facebook-Gruppen
- Google-Suche nach Agenturen

Wenn man die Covererstellung abgibt und der Designer ausnahmsweise noch keine Erfahrung mit Covern für Amazon KDP hat, kann man unterschiedliche Hilfen von Amazon bereitstellen. Es gibt eine Seite bei Amazon KDP, wo man Covervorlagen herunterladen kann:

https://kdp.amazon.com/de_DE/cover-templates

Weitere Informationen zu den technischen Anforderungen an das Cover, wie z. B. Farbanforderungen und Größe, findet man auf folgender Seite: https://kdp.amazon.com/de_DE/help/topic/G201953020

Als Inspiration kann man sich einfach die Cover der Konkurrenz anschauen. Es bietet sich an, die Kategorien für Bücher zu durchsuchen. Möchte man ein Buch über Vertrieb schreiben, schaut man einfach in der passenden Kategorie auf Amazon nach. Auf der Amazon Seite für Bücher findet man viele solcher Kategorien und kann sich ganz einfach bis zu dem gewünschten Thema durchklicken.

Abbildung 17: Inspiration auf Amazon sammeln.

Für weitere Coverideen kann man auch die bereits genannten Plattformen nutzen. Designer auf Fiverr stellen beispielsweise gerne ihr Portfolio online. So kann man anschauen, welche Fähigkeiten der Designer hat, und zudem gleich einige Ideen sammeln.

Um zu verstehen, was ein gutes Cover ist, muss man sich wieder in die Rolle des Käufers versetzen. Ein Cover muss die Aufmerksamkeit des Kunden wecken und zusammen mit den anderen Einflussfaktoren der Suchergebnisseite den Kunden animieren, auf das Buch zu klicken.

Wirtschaftspsychologie

Für das Buchdesign sind die Erkenntnisse aus der Werbepsychologie sehr spannend. Ob man eine Werbeanzeige oder ein Cover gestaltet, macht dabei gar keinen so großen Unterschied. Die psychologischen Prinzipien sind ähnlich. Es gibt drei emotionale Reize, die den Menschen aktivieren können. Diese Aktivierung, und damit verbunden die Aufmerksamkeit des Kunden zu gewinnen, ist das Ziel. Es gibt emotionale, kognitive und physische Reize.

Emotionale Reize	Kognitive Reize	Physische Reize
= sprechen die Emotionen des Kunden an, z.B. Kindchenschema, Körpersprache, Gesichter etc.	= bringen den Kunden dazu, über das Buch nachzudenken, z.B. Verfremdung, Überraschung etc.	= sind auffällige Elemente, z.B. Farbe, Größe etc.

Abbildung 18: Die verschiedenen Reizarten.

Es folgen nun mehrere Kapitel aus meinem Buch „Konsumentenpsychologie und -Verhalten“, um verschiedene Aspekte der Wirtschaftspsychologie in Bezug auf die Gestaltung von Werbung zu erklären. Die Erkenntnisse sind 1:1 auf das Design von Büchern übertragbar. Es wurde versucht, die Kapitel für das Buchdesign umzuschreiben.

Die emotionalen Reize

Die emotionalen Reize dienen der Aktivierung der Zielperson und basieren auf den biologisch vorprogrammierten Verhaltensmustern des Menschen. Da sich Menschen biologisch ähneln, reagieren sie auch sehr ähnlich auf dieselben emotionalen Reize (Meyer-Hentschel, 1993, S. 30). Zu den emotionalen Reizen gehören eine Vielzahl von Reizkategorien, wie z. B. Erotik, Angst, Babys, Kinder, Gesichter, Humor etc. (Für eine Übersicht siehe: Meyer-Hentschel, 1993, S. 30, und Felser, 2015, S. 358).

Reize	Merkmale
Erotische Reize	Im Vergleich zu den anderen Schlüsselreizen entfesseln erotische Reize die stärksten Aktivierungswirkungen. (Meyer-Hentschel, 1988, S. 30) Allerdings existiert bei ihnen jedoch eine erhöhte Gefahr, dass sie von der ursprünglichen Intention der Werbebotschaft ablenken oder Reaktanz auslösen.
Kindchenschema	Kleine Vögel, Hunde oder Kindergesichter lösen beim Betrachter automatische Reaktionen wie Sympathie und Pflegeverhalten aus. Dabei besagt die „Reizsummenregelung", dass die Übertreibung von kleinkindtypischen Merkmalen (großer Kopf oder Kulleraugen) zu einer Intensivierung des Eindrucks führt. (Eibl-Eibesfeldt, 1987, S. 729ff.)
Archetypische Darstellungen	Ausgehend von den Erkenntnissen der analytischen Psychologie sollen hier Wirkfaktoren, die im Unterbewusstsein des Menschen angesiedelt sind, angesprochen werden. Eine Visualisierung dieser Impulse ist häufig in Traumbildern, Märchenfiguren, Gestalten aus Sagen und mythologischen Erscheinungen zu finden. (Dieterle, 1992)
Körpersprache	Insbesondere die Mimik kann eine Vielzahl unterschiedlicher Emotionen kommunizieren. Als genetisch verankert und universal verständlich gilt das mimische Ausdrucksverhalten für Freude, Ärger, Wut, Ekel, Trauer und Überraschung. (Izard, 1994 & Ekman, 1988)

Abbildung 19: Übersicht biologischer Schlüsselreize, Quelle: vgl. (Kroeber-Riel, 2003, S. 535)

Die erotischen Reize können vielseitig, z. B. über nackte Haut, Romantik oder subtile Andeutungen, eingesetzt werden. Geschlechterunterschiede wirken sich dabei gar nicht so stark aus, wie vielleicht zu vermuten wäre. Männer und Frauen lassen sich durch erotische Reize in einem ähnlichen Maß aktivieren: Beide Geschlechter bewerten infolgedessen das erotisch aufgeladene Produkt besser („Sex sells") (Felser, 2015, S. 362).

Gerade für gering involvierte und uninteressierte Kunden sind erotische Reize also hilfreich, um eine Aktivierung zu erreichen: Bei dieser Kundengruppe scheinen sogar unpassende erotische Reize einen positiven Effekt zu haben (Felser, 2015, S. 358). Lachmann schreibt über erotische Reize, dass: (Lachmann, 2002, S. 153-154)

- erotische Bilder öfter und länger betrachtet werden.
- erotische Bilder besser erinnert werden.
- die übrigen Anzeigenelemente unabhängig vom erotischen Reiz gleich lang betrachtet werden.
- Produkte und Marken schlechter erinnert werden als bei einer Werbung ohne einen erotischen Reiz.

Auch wenn erotische Werbung fast immer wirkt, gibt es dennoch die Empfehlung, eine thematische Nähe zum Produkt herzustellen. Erotische Werbung bei Versicherungen, Banken oder Kinderbüchern ist unangebracht (Geffken & Kalka, 2001, S. 114). Das Thema des Buchs muss also passen.

Auch Tiere können in der Werbung eingesetzt werden und transportieren bestimmte Assoziationen. Manche Tiere stehen für ganz bestimmte Attribute: (Geffken & Kalka, 2001, S. 123-124)

- Gecko = Haftung
- Fuchs = Cleverness
- Hund = Familie
- Vögel = Leichtigkeit
- Tiger = Kraft

Möchte man beispielsweise ein Buch über Selbstvertrauen veröffentlichen, könnte man die passenden Assoziationen über das Bild eines Löwen hervorrufen.

Die physischen Reize

Der Kontrast

Wenn sich eine Marke oder ein Produkt vom Angebot der Konkurrenz unterscheidet, besteht eine größere Chance, Aufmerksamkeit zu erhalten. Der Kontrast zum Umfeld ist also entscheidend: die Auffälligkeit in der Menge vergleichbarer Angebote (Andrews, Akhter, Durvasula, & Muehling, 1992). Die Cover der Konkurrenz spielen also eine große Rolle, wenn man sich über das eigene Design Gedanken macht.

Die Farbe

Bunte Farben sind Schwarz oder Weiß überlegen (Kroeber-Riel, Konsumentenverhalten, 2003, S. 77). Das liegt allerdings hauptsächlich am Kontrasteffekt: Farben fördern den Kontrast und steigern somit die Aufmerksamkeit (Felser, 2015, S. 45). Signalfarben wirken ebenfalls aktivierend (Kroeber-Riel, Konsumentenverhalten, 2003, S. 73).

Meyer-Hentschel empfiehlt, den Kontrasteffekt der Farben in der Werbeanzeige zu überprüfen, indem man ein Schwarz-Weiß-Bild erzeugt. Ist auf dem Schwarz-Weiß-Bild ein prägnantes Bild mit Kontrasten in Grautönen zu erkennen, wird die Werbeanzeige/das Cover wahrscheinlich auch in Farbe wirken (Meyer-Hentschel, 1993, S. 54).

Angenehm wirken Farben vor allem dann, wenn sie leuchtkräftig und gesättigt sind. Die Farben werden dann auch positiver bewertet (Felser, 2015, S. 344) und (Kroeber-Riel,

Konsumentenverhalten, 2003, S. 432). Heben sich Farben von ihrer Umgebung ab, indem sie hell, neu, auffallend und warm sind, fördern diese Farben die Aufmerksamkeit des Kunden. Man sollte es hierbei aber nicht übertreiben, sonst wird die Farbgestaltung als Manipulation oder als zu aufdringlich erlebt (Felser, 2015, S. 343). Die ausgewählten Farben sollten primär zur Kultur und Produktkategorie passen (Felser, 2015, S. 343) und (Kroeber-Riel, Konsumentenverhalten, 2003, S. 432).

Abschließend lässt sich sagen, dass jeder Konsument auch bestimmte Assoziationen mit Farben hat (Felser, 2015, S. 340). Farben passen zu Marken und ihren Produkten und werden zusammen mit den Produkteigenschaften abgespeichert. Die Farbe kann ein Merkmal sein, das zu einer Marke dazugehört, genauso wie z. B. ein Logo oder ein Name (Scheier, Bayas-Linke, & Schneider, 2011, S. 53). Die Konsistenz ist auch im Buchdesign wichtig. Bringt man eine Buchserie heraus, sollte eine farbliche Übereinstimmung erkennbar sein.

Einige Farben rufen spezielle Assoziationen hervor:

- Blau wirkt kühl, entspannend und steht für Disziplin (Felser, 2015, S. 339). Blau ist die beliebteste Farbe (Heller, 1993, S. 23).
- Rot kann für Liebe, Verbote, Vermeidung, Dominanz, höheren Status, Aggression und Wärme stehen. Es gibt also viele Assoziationen, die mit Rot in Verbindung stehen (Felser, 2015, S. 339 & 341). Rot erregt am stärksten (Kroeber-Riel, Konsumentenverhalten, 2003, S. 432).
- Grün steht für Hoffnung und Gesundheit. Wirkt angenehm (Felser, 2015, S. 339) und nicht erregend (Kroeber-Riel, Konsumentenverhalten, 2003, S. 432).
- Gelb steht für Neid. Sie ist die hellste und leuchtkraftstärkste Farbe (Felser, 2015, S. 339).

- Grün-Gelb und Blau wirken frisch (Kroeber-Riel, Konsumentenverhalten, 2003, S. 123).
- Orange ist die natürliche Feuerfarbe und dadurch besonders erregend (Kroeber-Riel, Konsumentenverhalten, 2003, S. 432).

Außerdem schreiben Geffken und Kalka, dass Farben automatische Reaktionen hervorrufen. Dieser Prozess läuft ähnlich wie bei emotionalen Reizen ab und abhängig vom Kontext. Zu beachten sind auch die kulturellen Einflüsse auf die Wahrnehmung von Farben. Farben haben im orientalischen oder asiatischen Raum eine ganz andere Wirkung als in Europa (Geffken & Kalka, 2001, S. 132-133). Laut den Autoren werden Farben mit folgenden Assoziationen in Verbindung gebracht:

- Rot: Liebe, Hass, gefühlsbetont, Blut und Feuer, Dramatik, Vitalität, Erotik, Aggressivität, Wut, Lebensfröhlichkeit, Aktivität, Optimismus, Macht.
- Blau: Ruhe, Souveränität, Konsequenz, Aufrichtigkeit, Treue, Seriosität.
- Gelb: Lebenskraft, Hoffnung, Fröhlichkeit, Intellekt, Produktivität, Stolz, verantwortungsbewusst.
- Orange: flippig, eindringlich, aufregend, anders.
- Lila: Einsamkeit, Narzissmus, traumhaft, Flucht in Träume.
- Rosa: Süße, Weiblichkeit, Zartheit, Eitelkeit.
- Weiß: Reinheit, Aufklärung, Unschuld.
- Schwarz: Trauer, intellektuell, Zauberei, Dominanz, Distanz, Geheimnis, Bösewicht.

Bei Übersetzungen in andere Sprachen sollte man sich also über die landesspezifischen Signalfarben informieren.

Die Helligkeit und die Sättigung

Schwarz und Weiß haben einen starken Zusammenhang mit der menschlichen Sprache: Positivität wird mit Weiß und Negativität mit Schwarz in Verbindung gebracht (Felser, 2015, S. 340) und (Meier, Robinson, & Clore, 2004). In Bezug auf eine automatisch positive Wahrnehmung wird also Weiß bevorzugt (Felser, 2015, S. 340).

Ein Buchdesign sollte auf helle und satte Farben zurückgreifen, da beide Farbeigenschaften als positiv erlebt werden, wobei Sättigung mit Erregung und Helligkeit mit Entspannung assoziiert wird. Führt man diese Erkenntnisse zusammen, wird eine Farbe besser bewertet, wenn sie hell und satt ist (Felser, 2015, S. 340).

Die Schrift

Der Blick der Menschen springt von Wort zu Wort. Dabei ist es wichtig, dass die Gestalt des Wortes schnell und einfach zu lesen ist. Es kommt also weniger auf die einzelnen Buchstaben des Wortes an. Das Layout ist entscheidender. Lange Wörter können mit Bindestrichen in Teilbereiche untergliedert werden. Diese Technik verbessert die schnelle und einfache Erkennung von Wörtern (Felser, 2015, S. 344).

Wörter in Großbuchstaben verschlechtern diese Einfachheit des Wortes. HIER WIRD DER LESEFLUSS UNTERBROCHEN UND JEDER BUCHSTABE MUSS EINZELN GELESEN WERDEN (Felser, 2015, S. 344).

Alle Veränderungen der gewohnten Schriftform, wie z. B. weiße Schrift auf schwarzem Hintergrund, halbrunde sowie schräge Anordnungen oder extravagante Schriftarten, sollten vermieden werden (Felser, 2015, S. 345).

In der Abbildung findet man einige Negativbeispiele: (Meyer-Hentschel, 1993, S. 90-91)

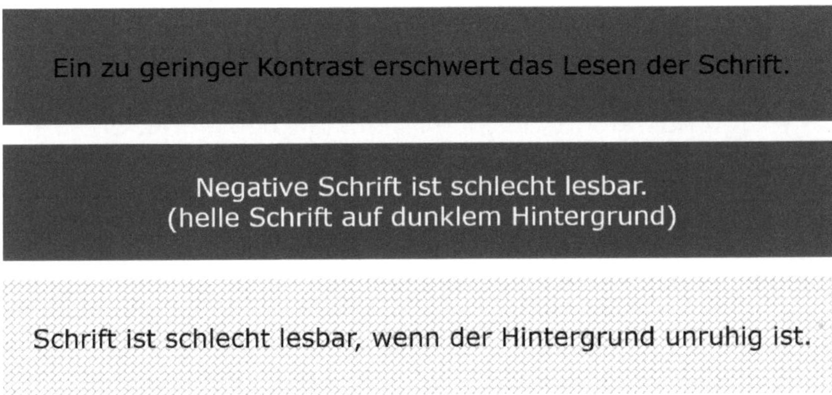

Abbildung 20: Headlines sollten schnell lesbar sein, eigene Darstellung (Negativbeispiele), Quelle: vgl. (Meyer-Hentschel, 1993, S. 90-91).

Schriftarten können aber auch bestimmte Assoziationen hervorrufen und somit bestimmte Zielgruppen, Emotionen oder Motive ansprechen (Geffken & Kalka, 2001, S. 162):

DIE WIRKUNG DER SCHRIFT	- fremd, alt
Die Wirkung der Schrift	- verspielt, persönlich
Die Wirkung der Schrift	- witzig, unseriös
Die Wirkung der Schrift	- glaubhaft, nachrichtlich
Die Wirkung der Schrift	- kindisch, naiv
Die Wirkung der Schrift	- konservativ

Die Erfassung des Textes sollte, wie das gesamte Design, schnell und einfach möglich sein. Großbuchstaben und gedrängte oder spielerische Buchstaben sollten vermieden werden. *Bestimmte Schriftarten können die Blicke der Konsumenten auf eine bestimmte Stelle richten* (Geffken & Kalka, 2001, S. 165).

Laut Neumann können Texte einfacher gelesen werden, wenn die Texte (Neumann, 2013, S. 97):

- mit traditionellen Schriftarten, z. B. Arial oder New Times Roman, geschrieben sind.
- aus Groß- und Kleinbuchstaben bestehen.
- ein gut gegliedertes Layout haben.
- mit ausreichendem Zeilenabstand geschrieben sind.

Diese Erkenntnisse sind nicht nur für die Gestaltung des Covers relevant. Auch für die Buchbeschreibung kann man einige gestalterische Elemente verwenden.

Die Überschrift

Zum Themengebiet der Schrift gehört natürlich auch die Überschrift. Da die Überschrift üblicherweise am auffälligsten designt ist, wird diese auch häufig zusammen mit dem Bild als Erstes betrachtet. Vor allem physische Merkmale spielen bei den Überschriften eine Rolle:

So sollte die Überschrift groß und bunt sein sowie emotionale Wörter enthalten. Gedankliche Reize und Irritationen sollten vermieden werden, da diese zu langsam wirken (Meyer-Hentschel, 1993, S. 69 & 150).

Der Leser muss die Möglichkeit haben, die Überschrift isoliert betrachten zu können und die Botschaft trotzdem zu verstehen. Die Überschrift bzw. der Buchtitel darf ohne das Bild oder den Fließtext nicht missverstanden werden (Meyer-Hentschel, 1993, S. 69 & 150).

Außerdem sollte man vermeiden, eine Überschrift in der Anzeige aufzuteilen und an unterschiedlichen Positionen zu platzieren: Wird ein Teil der Headline über und der andere Teil unter dem Bild platziert, nimmt der Kunde meistens nur einen Teil der Überschrift wahr (Lachmann, 2002, S. 169).

Felser (2015, S. 337) gibt einen Überblick über die optimalen Merkmale einer Überschrift. Eine Überschrift – und übertragen auf den Buchmarkt der Buchtitel – sollte demnach (siehe auch (Ogilvy, 1984, S. 71) und (Meyer-Hentschel, 1993)):

- kurz sein (ca. 5-8 Wörter).
- möglichst viele Substantive enthalten.
- nicht als Frage formuliert sein.
- nicht passiv formuliert sein.
- keine Negationen enthalten.
- sich direkt an den Kunden richten.

Geffken & Kalka fassen ebenfalls einige wichtige Eigenschaften von Überschriften zusammen (Geffken & Kalka, 2001, S. 169-179):

- Headlines werden 5x häufiger gelesen als Fließtexte.
- Headlines in Anführungszeichen sollen angeblich die Erinnerung an die Headline um 28 % steigern.
- Man sollte keine Verneinungen mittels „un“ oder „nicht-“ verwenden.
- Satzzeichen sollten vermieden werden. Punkte oder Ausführungszeichen führen zum gedanklichen Ende der Botschaft und unterbrechen die Aufmerksamkeit des Kunden.
- Die Headline sollte selbsterklärend sein.
- Fragezeichen sollten vermieden werden.
- Der Markenname sollte in die Headline eingebaut werden.
- Auch die Headline sollte aktivierend gestaltet werden.

Die Werbetexte

Wie bei Überschriften gilt auch für den normalen Fließtext, dass Substantive dabei helfen, die Schnelligkeit der Informationsaufnahme zu steigern. Zusätzlich wird empfohlen, die wichtigste Produkteigenschaft in den (Produkt-)Namen zu integrieren (Felser, 2015, S. 350). So sollte man den Namen „Schonseife" für „Seife, die Ihre Hände und die Umwelt schont" verwenden.

Man sollte den Fließtext so kurz wie möglich formulieren und Schlüsselreize verwenden, die verschiedene Informationen in sich vereinen (Neumann, 2013, S. 126). Besonders relevant ist die Formulierung von Werbetexten für die Buchbeschreibung. Eine Buchbeschreibung ist nichts anderes als ein Werbetext.

Da der Fließtext meistens nicht gelesen wird, bietet es sich an, durch Absätze, Zwischenüberschriften und Kürzungen die Gestaltung zu verbessern und die Lesewahrscheinlichkeit zu erhöhen. Solche gestalterischen Möglichkeiten kann man auch in Amazon KDP für die Buchbeschreibung vornehmen. Selbst Konsumenten mit hohem Produktinteresse nutzen gerade einmal sechs Blick-Fixationen (Betrachtungen) für den Fließtext (Meyer-Hentschel, 1993, S. 117-118).

Konsumenten sehen den Werbetext als alltägliche Kommunikationsform an. Dadurch gehen die Kunden meistens davon aus, dass bestimmte Normen der Kommunikation eingehalten werden (Felser, 2015, S. 351).

Der Text sollte aufgrund der Bildüberlegenheit das Bild nur ergänzen. Vor allem das Bild, aber auch der Text sollte ohne weitere Elemente für den Kunden verständlich sein (Felser, 2015, S. 351).

Für Werbetexte sollte ein Satz nicht mehr als 25 Wörter enthalten, optimalerweise nur 15 Wörter. Werbetexte sollten auf komplexe Sätze mit Nebensätzen verzichten. Die

Satzaussage sollte relativ schnell erkenntlich sein (Felser, 2015, S. 354).

Abstrakte Wörter wie „effizient“, „Vertrauen“ oder „Zukunft“ können zu langsam verarbeitet werden und haben keine Werbewirkung beim Kunden (Geffken & Kalka, 2001, S. 96-98).

Ein Werbetext muss verständlich sein. Er muss ohne einen Vertriebsmitarbeiter selbsterklärend sein und darf deswegen beispielsweise keine Witze enthalten, die nicht jeder Kunde versteht (Geffken & Kalka, 2001, S. 102).

Der Name ist aber auf jeden Fall von Relevanz: Der Kunde kann sich besser an den Namen erinnern, wenn dieser Sinn macht. Sinnfreie Wörter sollten möglichst kurzgehalten werden (Geffken & Kalka, 2001, S. 84-85).

Der Fließtext macht eine Werbeaussage glaubwürdiger. Durch ihn entsteht die Wahrnehmung beim Kunden, dass es Argumente gibt, welche die Werbebotschaft beweisen – unabhängig davon, ob der Fließtext wirklich gelesen wird (Felser, 2015, S. 152).

Natürlich können physische Reize gleich mehrfach genutzt werden. Man kann beispielsweise Farbe und Größe im Cover kombinieren (Geffken & Kalka, 2001, S. 135).

Die Platzierung und das Blickverhalten

Für die Platzierung von Text und Bild sind zwei Merkmale entscheidend: Zum einen sollte der Kunde die Anzeige in einem Blickverlauf verstehen, zum anderen folgt der Blickverlauf der Leserichtung. Ein Hin- und Herspringen des Blickpunktes sollte vermieden werden. Daraus lässt sich ableiten, wo die einzelnen Elemente eines Covers platziert werden sollten:

Informationen, die sich links oben befinden, werden früher gelesen oder betrachtet als Informationen, die sich rechts unten befinden (Felser, 2015, S. 338) und (Meyer-Hentschel, Erfolgreiche Anzeigen. Kriterien und Beispiele zur Beurteilung und Gestaltung., 1993, S. 80). Schaut man sich den Blickmechanismus laut Wimmer an, kann man weitere Richtlinien für die Gestaltung von Covern schlussfolgern: „Das Auge beginnt nicht etwa bei der Headline und arbeitet sich dann Punkt für Punkt bis nach rechts unten durch. Für den Blickverlauf gibt es klare Prioritäten: Bild vor Text, Personen vor Landschaften oder Hintergründen, Gesichter vor dem Körper; Auge, Mund und Nase zuerst." (Wimmer, 1988)

Personen sind also aufmerksamkeitsstärker als Landschaften und Gesichter mehr als Körper und Augen mehr als Körper. Augen lenken die Aufmerksamkeit vor allem dann auf sich, wenn sie direkt auf den Leser gerichtet sind (Geffken & Kalka, 2001, S. 96-98). Wenn man Personen auf dem Cover abdrucken lässt, sollte man diese also direkt in die Augen des Betrachters schauen lassen.

Meyer-Hentschel (1993, S. 124) schreibt darüber: „Headlines, die sich unter dem Bild befinden, werden von 10 Prozent mehr Lesern beachtet als Headlines über dem Bild. Ebenso werden Texte und Headlines rechts neben dem Bild häufiger gelesen als links stehende. Es ist gefährlich, Anzeigen mit Elementen zu überladen."

Ein Layout mit dem Bild auf der linken Seite und dem Text auf der rechten Seite entspricht der natürlichen Aufteilung des Gehirns in die linke und rechte Gehirnhälfte mit den entsprechenden Gehirnfunktionen. Anzeigen, die diesem Layout folgen, werden bevorzugt (Felser, 2015, S. 338-339).

Ein Text in der Mitte zu platzieren bietet sich ebenfalls an. Beim Betrachten eines zweidimensionalen Objekts beginnt der Blick leicht oberhalb des Mittelpunkts (Geffken & Kalka, 2001, S. 95 & 127).

Kroeber-Riel schreibt über das Blickverhalten der Kunden Folgendes: „Oben wird mehr fixiert als unten, oben links wird am meisten fixiert, unten links wird am wenigsten fixiert.“ (Kroeber-Riel, 2003, S. 258) und (Bernhard, 1978)

Auch die richtige Platzierung des Markennamens oder Logos spielt eine wichtige Rolle. Oft wird das Logo oder der Markenname in der Werbeanzeige zu klein gestaltet. Der Name bzw. das Logo sollten laut Leserichtung bereits in der Headline oder unten rechts platziert sein. Diese Erkenntnis könnte man für die Platzierung des Autorennamens oder eines Logos verwenden, das für die Buchserie oder den Autor steht.

In ca. 65 % der Printanzeigen ist das Markenlogo oder der Unternehmensname unten rechts platziert. Weitere 18,5 % gestalten den Absender mithilfe von Farben oder Größe aktivierend (Geffken & Kalka, 2001, S. 87).

Gewohnheitsmäßig sucht der Konsument unten rechts nach dem Absender der Werbebotschaft, daher sollte der Marketer nicht dagegen verstoßen (Meyer-Hentschel, 1993, S. 107-108).

Die Bilder

Bilder sagen mehr als tausend Worte: An den Steinzeitmalereien erkennt man, dass Bilder zu einer der ursprünglichsten Formen der Kommunikation gehören. Bilder werden von Menschen gemocht und gerne gesehen (Meyer-Hentschel, Erfolgreiche Anzeigen. Kriterien und Beispiele zur Beurteilung und Gestaltung., 1993, S. 17).

Aufgrund der technischen Weiterentwicklung werden Bilder auch immer öfter benutzt und können in der Werbung eingesetzt werden. Einige Social Media Plattformen, wie z. B. Instagram, setzen komplett auf den Einsatz von Bildern. Emotionen finden über Emojis (Emotionsbilder) Einzug in unsere Textnachrichten. Aber auch physische und gedankliche Reize spielen bei der richtigen Bildauswahl eine Rolle.

Bilder sind es, die dem Konsumenten schnell und einfach die wichtigsten Informationen liefern. Man kann durch sie die Informationsüberlastung der Kunden verringern, da Bilder prägnant sind und schnell verarbeitet werden können (Meyer-Hentschel, Erfolgreiche Anzeigen. Kriterien und Beispiele zur Beurteilung und Gestaltung., 1993, S. 17).

Auch der reine Unterhaltungswert von Bildern sollte nicht vernachlässigt werden. Gerade bei gering involvierten Kunden, die wenig Produktinteresse besitzen, ist die Unterhaltung wichtig (Kroeber-Riel, 1996, S. 111).

Konkrete Bilder unterstützen aber nicht nur das Aktivierungspotential von Anzeigen, sondern helfen auch, die Erinnerungsfähigkeit an die Anzeige zu verbessern. Das lässt sich am besten realisieren, wenn das Bild den konkreten Produktnutzen zeigt (Meyer-Hentschel, 1993, S. 173).

Der Produktnutzen kann also in der Werbung ebenfalls dargestellt werden. Man sollte das Produkt in der alltäglichen Situation zeigen und somit verdeutlichen, um was es genau geht. Um den Nutzen zu zeigen, sollte das Produkt mindestens 1/3 der Anzeigenfläche einnehmen (Geffken & Kalka, 2001, S. 159).

Bilder sind es, die laut Meyer-Hentschel die Werbewirkung verbessern: Bilder werden zuerst betrachtet, müssen nicht übersetzt werden, werden schnell verarbeitet, sind glaubwürdig, die zentrale Aussage wird schnell erfasst und Bilder werden schnell gelernt (Meyer-Hentschel, Erfolgreiche Anzeigen. Kriterien und Beispiele zur Beurteilung und Gestaltung., 1993, S. 18).

Trommsdorff schreibt über die Wirkung von Bildern:

„Bilder haben überlegene aktivierende und gefühlsmäßige Wirkungen. Sie werden weitgehend automatisch wahrgenommen und verarbeitet und sie werden besser behalten als Texte.“ (Trommsdorff, 2009, S. 100)

Formen, die man in Bildern verwenden kann, unterscheiden sich ebenfalls in ihrer Wirkung: Geschlossene, regelmäßige, einheitliche, symmetrische, einfache und knappe Formen sind prägnanter. Dazu gehören beispielsweise Kreise, gleichseitige Dreiecke oder auch Quadrate.

Die Vorteile der Bildnutzung können auch zum Nachteil werden: Bilder ziehen die Blicke bekanntlich auf sich. Einige bestimmte Motive aktivieren den Konsumenten besonders: Erotik, Kinder oder Gesichter (insbesondere Augen) ziehen die Blicke auf sich. Bilder verlangsamen aber auch die Blickbewegung und können eine ablenkende Wirkung haben (Meyer-Hentschel, 1993, S. 81). Bilder sollten keine unwichtigen Elemente enthalten. Wenn eine Anzeige unwichtige Bildelemente enthält, sollten diese nur in den Randbereichen platziert werden.

Das Wichtige (die Werbebotschaft, das Produkt oder der Buchtitel) im Bild muss betont werden (Meyer-Hentschel, 1993, S. 81). Bilder sollten sich auf das Wissen der Konsumenten beziehen. Tun sie es nicht, sollten sich die Bilder auf die Bedürfnisse oder Interessen der Zielgruppe beziehen (Felser, 2015, S. 348). Bilder sollten auf jeden Fall positive Emotionen sowie Gefühle ansprechen und ein Annäherungsverhalten auslösen (Meyer-Hentschel, 1993, S. 143).

Damit ein Bild, z. B. ein Logo, im Kopf abgespeichert wird, sollte es kontinuierlich und über einen längeren Zeitraum benutzt werden. Häufig veränderte „Schlüsselbilder“ sind nicht von Vorteil. In der Werbung sind einzelne, wenige Schlüsselbilder, die auch über einen längeren Zeitraum eingesetzt werden, erfolgreicher (Ruge & Andresen, 1994).

Natürlich muss das Bild einzigartig sein und darf nicht mit dem des Wettbewerbers verwechselt werden (Meyer-Hentschel, 1993, S. 143).

Eine besondere Art der Bilder sind die inneren Bilder der Kunden. Gedächtnisbilder, die aus der Erinnerung abgerufen werden, aktivieren einen Gegenstand oder eine Werbebotschaft auch in Abwesenheit der eigentlichen Werbeanzeige.

Die Motiv- und Emotionssysteme sollte man mit bestimmten Bildcodes übermitteln. Symbolische und bildliche Codes spielen dabei aufgrund der positiven Eigenschaften von Bildern eine wichtige Rolle. Über ein Buchcover kann man eine emotionale Positionierung vornehmen, wobei der Autor versuchen sollte, die Emotionen und Motive des Kunden richtig anzusprechen. Im Beispielbild könnte die Landschaft abenteuerliche Motive ansprechen. Das Auto steht für die Kontrolle über die Situation und das gute Wetter für positive Emotionen. Schreibt man einen Abenteuerroman, könnte man sich genau überlegen, welche Bilder für welche Emotionen und Motive stehen. Das Thema des Buchs kann mit solchen Motiven direkt aktiviert werden.

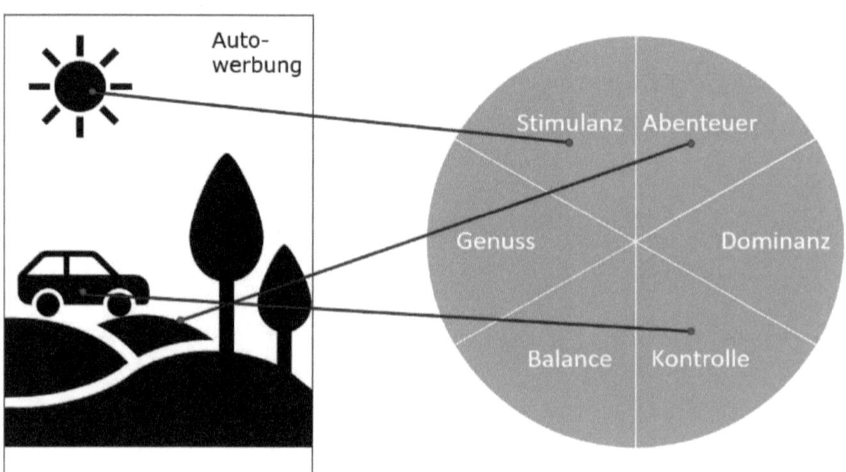

Abbildung 21: Die Umsetzung der Motivansprache mit Werbeanzeigen.

Durch diese Codes (Signale) können mentale Konzepte aktiviert werden, wenn sie zu den impliziten Zielen und Bedürfnissen des Kunden passen. Codes übersetzen diese impliziten Bedürfnisse in Produkteigenschaften. Die Ziele eines Kunden sind wie ein Filter: Passen die Informationen der Werbung nicht zum Ziel oder Bedürfnis des Kunden, wird die Werbung gar nicht erst bewusst wahrgenommen (Scheier, Bayas-Linke, & Schneider, 2011, S. 29-32).

Nach dem kurzen Ausflug in die Wirtschaftspsychologie geht es nun weiter mit dem Produktlisting.

Buchbeschreibung

Beim gesamten Produktlisting ist es wichtig, den Kaufinteressenten im Blick zu behalten. Besonders relevant wird das für die Buchbeschreibung. Wichtig ist, dass der Käufer nicht unbedingt der Nutzer des Buchs ist (Kelm, 2019, S. 96). Bei Kinderbüchern werden die Eltern für den eigentlichen Nutzer (das Kind) einkaufen. Man muss also mit der Buchbeschreibung bzw. mit dem Produktlisting nicht (nur) die Kinder ansprechen, sondern vielmehr die Eltern. Man muss den Eltern vermitteln, dass das Buch dem Kind gefallen könnte. Das ist nur ein Beispiel. Man könnte auch an Geschenke zum Vater- und Muttertag oder zu Weihnachten denken, wo diese Überlegung interessant wird.

Die Buchbeschreibung ist ein Kriterium, das erst auf der Produktdetailseite zu finden ist. Sie ist oftmals der erste Eindruck vom Inhalt des Buchs. Eine gute Buchbeschreibung muss die Annahme verstärken, dass das Buch die richtige Wahl ist. Wie bereits erwähnt, besitzt der Käufer bereits ein Interesse an dem Buch, sonst hätte er nicht auf das Suchergebnis geklickt. Es geht also nun darum, in der Buchbeschreibung den Käufer zu konvertieren. Hierbei ist ein Call-to-Action wichtig. Ein Call-to-Action ist eine Handlungsaufforderung, die man aktiv an den Kunden stellt. In der Buchbeschreibung sind folgende Handlungsaufforderungen denkbar:

- Jetzt kaufen
- Steigen Sie ein
- Beginnen Sie jetzt
- Bestellen Sie
- Ihr Start in
- Scrollen Sie hoch und profitieren Sie von

Der Kunde hat sich über Ihre Produktdetailseite nun soweit informiert, dass er schlussendlich auch kaufen soll. Das sollte man ihm auch zu verstehen geben. Man sollte nicht vergessen, dass der Kunde auch auf der Produktdetailseite noch durch Werbung oder organische Anzeigen von Amazon auf Konkurrenzprodukte hingewiesen wird. Die Chance, dass er jetzt noch abspringt, ist also gar nicht mal so gering.

Abbildung 22: Organische und gesponserte Anzeigen auf der Buchdetailseite.

Die Buchbeschreibung sollte keine Nacherzählung sein, sondern vielmehr Fragen aufwerfen und Spannung erzeugen. Man sollte die Beschreibung als eine Art Kurzpräsentation sehen. Des Weiteren kann der Buchinhalt aufgezeigt und die wichtigsten Buchmerkmale als Bulletpoints aufgeführt werden.

Auch bei der Buchbeschreibung kann man sich von der Konkurrenz und von Bestsellern inspirieren lassen. Der zukünftige Leser sollte aber wissen, was das Buch einzigartig und besser als das Konkurrenzprodukt macht. Gerade bei Ratgebern sollten die Probleme des Kunden angesprochen werden. Das Buch liefert dann gleich passend dazu die richtigen Antworten bzw. eine einfache Anleitung (Wagner, 2020, S. 33).

Es kann auch Sinn machen, gezielt nach negativen Bewertungen bei der Konkurrenz zu suchen, um Verbesserungsvorschläge der Leser aufzunehmen.

Die bereits beschriebenen Bulletpoints können als verlängerter Titel angesehen werden. Keywords, die für den Titel zu lang oder unbedeutend waren, können nun hier Platz finden. Die Aufzählungszeichen kann man einfach über HTML-Codes (dazu später mehr) einfügen. In den Aufzählungen kann man den Kundennutzen verdeutlichen. Man versetzt sich in die Lage des Kunden und formuliert die Probleme in Nutzenargumente um (Kelm, 2019, S. 171).

Im Buch finden Sie **alle wichtigen Analysemethoden**, die Sie kennen müssen:

- Varianzanalyse
- Faktorenanalyse
- Clusteranalyse
- Multiple Regression
- Entscheidungsbaumanalyse
- Analyse fehlender Werte
- Korrespondenzanalyse

Die Inhalte sind dabei **einfach und verständlich** erklärt. Über 150 Abbildungen und SPSS-Outputs helfen Ihnen, damit der einfache Einstieg in die multivariate Analyse gelingt. Die unterschiedlichen Analyseverfahren werden zusätzlich noch an Beispielen angewendet und erklärt.

Das Buch beinhaltet:

- Die wichtigsten multivariaten Analyseverfahren
- Über 150 Abbildungen
- Viele Beispiele und SPSS-Outputs
- Über 35 wissenschaftliche Quellen

Der Fokus dieses Buches liegt dabei nicht auf den komplexen mathematischen Hintergründen, die das Verständnis oft erschweren. Ziel ist es, Ihnen die richtige Anwendung und praktische Umsetzung der multivariaten Verfahren einfach und leicht verständlichen zu beschreiben.
Getreu dem Motto: Datenanalyse einfach erklärt.

Beginnen Sie sofort mit ihrer eigenen multivariaten Datenanalyse zum fairen Preis. Das Buch bietet Ihnen den optimalen Einstieg in die Grundlagen der Analysen und deren Anwendungen.

Abbildung 23: Einsatz von Bulletpoints und Call-to-Action.

Wichtig ist auch, dass nicht direkt die gesamte Buchbeschreibung von Anfang an zu sehen ist. Es gibt einen „Mehr lesen“ Button, über den die gesamte Buchbeschreibung abgerufen wird. Der erste Abschnitt sollte also spannend genug sein, damit sich der Leser für die gesamte Buchbeschreibung interessiert. Für die Verfassung der Buchbeschreibung, die dann vollständig zu sehen ist, sollte man sich fragen, welche weiteren Informationen der Leser suchen könnte, die er zuvor nicht schon gefunden hat.

4.000 Zeichen (nicht Wörter) sind maximal in der Buchbeschreibung erlaubt. Einige HTML-Codes sind für die Buchbeschreibung erlaubt. Auf jeden Fall nutzen sollte man eine Auswahl aus (Amazon.com, Inc., 2020):

-
 Erstellt einen Zeilenumbruch.
- <p> </p> Definiert einen Textabsatz, bei dem die erste Zeile eingerückt ist.
- <b> </b>Formatiert umgebenen Text als fettgedruckt.
- <i> </i> Formatiert umgebenen Text als kursiv.
- <u> </u> Formatiert den umgebenen Text als unterstrichen.
- <h4> </h4> bis <h6> </h6> Formatiert den umgebenen Text als Abschnittsüberschrift: <h4> (am größten) bis <h6> (am kleinsten).
- <ol> Erstellt eine nummerierte Liste aus den umgebenen Elementen, von denen jedes durch ein <li> -Tag definiert ist. So erstellt man eine nummerierte Liste:

  ```
  <ol>

  <li>Listenelement 1</li>

  <li>Listenelement 2</li>

  </ol>
  ```

- <ul> Erstellt eine Liste mit Aufzählungszeichen, den bereits beschriebenen Bulletpoints, aus den umgebenen Elementen, von denen jedes durch ein <li> -Tag definiert ist. So erstellt man eine Aufzählungsliste:

  ```
  <ul>

  <li>Listeneintrag mit Aufzählungszeichen</li>

  <li>Listeneintrag mit Aufzählungszeichen</li>

  </ul>
  ```

- <li> Bestimmt ein Element in geordneter (nummerierter) oder ungeordneter (mit Aufzählungszeichen versehener) Folge.

Für die Formatierung der Buchbeschreibung mit HTML gibt es diverse Online-Tools, z. B. www.ebooks.de/produktbeschreibung-fuer-amazon-formatieren-online-editor/.

Fett formatierter Text hebt bestimmte Stellen hervor. Kursiver Text verlangsamt das Lesetempo. In der Regel sollte man aber recht sparsam mit optischen Formatierungen wie z. B. fett, kursiv und unterstrichen sein. Ein fett formatierter Call-to-Action ist aber ratsam.

In den Amazon Richtlinien findet man auch wieder Informationen darüber, welche Dinge man nicht in die Buchbeschreibung aufnehmen darf (Amazon.com, Inc., 2020):

- Pornografische, obszöne oder beleidigende Inhalte
- Telefonnummern, Postanschriften, E-Mail-Adressen oder Webseiten-URLs
- Rezensionen, Zitate oder Empfehlungen
- Bitten um Kundenrezensionen
- Werbeanzeigen, Wasserzeichen auf Bildern oder in Videos oder Werbematerial
- Zeitbezogene Angaben (z. B. Datumsangaben für Werbetourneen, Seminare oder Lesungen)
- Verfügbarkeit, Preis, alternative Bestellinformationen (z. B. Links zur Bestellung auf anderen Webseiten)
- „Spoiler"-Informationen zu Büchern, Musik, Videos oder DVDs (BMVD)

Aus der Wirtschaftspsychologie ist bekannt, dass der Kunde auch einen Widerstand gegen die Beeinflussung entwickeln kann. Wenn der Leser merkt, dass das gesamte Buchlisting sehr verkäuferisch aufgesetzt ist, springt er ab. Dieser Fakt ist als Bumerangeffekt aus dem Marketing bekannt. Man sollte es also mit Call-to-Action, Einbindung von Keywords, Verkaufssprüchen und fetten Markierungen von Wörtern nicht übertreiben (Mittelstaedt, 2020).

Außerdem sind laut Primacy-Recency-Effekt zwei Bereiche in der Buchbeschreibung besonders interessant. Denn der Primacy-Recency-Effekt besagt, dass die ersten und die letzten Elemente einer Werbung besonders gut erinnert werden. Der Recency-Effekt ist dabei etwas stärker. Die Lernleistung des Lesers nimmt über die Zeit ab, erst kurz vor Schluss der Werbung nimmt sie wieder kurz zu. Für die Buchbeschreibung bedeutet das, dass man die wichtigsten Kaufgründe zu Beginn und am Ende der Buchbeschreibung nennen sollte. Die dort vorhandenen Gründe sind besonders präsent und können zu einem Kauf führen (Mittelstaedt, 2020).

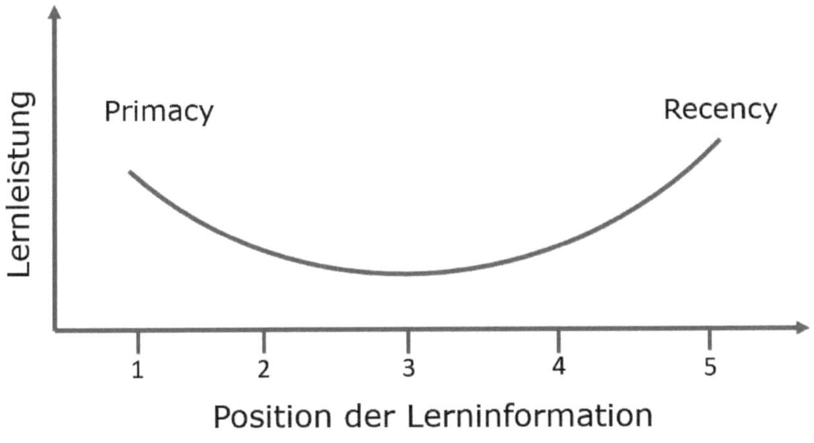

Abbildung 24: Zuerst und zuletzt genannte Informationen sind besonders wichtig.

Des Weiteren kann man sozialpsychologische Erkenntnisse in die Buchbeschreibung einbauen. Ein Kunde ist von vielen weiteren Personen in seinem Umfeld umgeben und tätigt manche Kaufentscheidungen aufgrund seines sozialen Umfelds. Das Ziel des Kunden, in einer Gruppe nicht als Außenseiter erkannt zu werden, wird auch als Konformität bezeichnet. Sätze wie z. B. „Seien auch Sie ein Teil von..." oder „Gehören Sie auch zu den Personen, die..." können helfen, diese Gruppennormen zu aktivieren. Man sollte dem Leser klarmachen, dass er mit dem Kauf des Buchs zu einer erfolgreichen Community gehört (Mittelstaedt, 2020).

Als weiteren psychologischen Trick könnte man die Reaktanztheorie für die Buchbeschreibung nutzen. Die Reaktanz zeigt sich in der Aufwertung einer Option, die verloren geht oder bereits verloren ist. Der Kunde fühlt sich, z. B. durch penetrante Werbung oder den Ausverkauf des Produkts, in seiner Kaufentscheidung eingeschränkt (Freiheitseinschränkung) und bewertet das verlorene Produkt aufgrund der Einschränkung besser. Durch Exklusivität oder Limitierung kann man den Anschein erwecken, es handelt sich um ein besonderes Buch. Exklusivität kann man über den Preis erzeugen. Limitierung könnte man über die Ansprache einer klar definierten Zielgruppe herstellen. Sätze wie z. B. „Du möchtest ein erfolgreicher Coach werden?" sprechen eine bestimmte Personengruppe an. Das Buch ist nicht für jeden gedacht und wirkt exklusiv. Durch Wortgruppen mit „für Experten", „für Anfänger" oder „nur für Liebhaber von..." kann man diesen Effekt ebenfalls hervorrufen. Aber auch hier sollte man vorsichtig sein und nicht übertreiben, sonst kommt es zu dem bereits beschriebenen Bumerangeffekt (Mittelstaedt, 2020).

Der Preis

Die Festlegung des Preises ist abhängig von der jeweiligen Strategie. Hat man eine Nische gefunden, unter der man Bücher veröffentlichen möchte, muss man sich genau überlegen, was man besser als die Konkurrenz machen möchte. Warum sollte der Kunde das Buch lesen? Es gibt verschiedene Möglichkeiten, den Kunden von sich zu überzeugen:

- Günstigerer Preis
- Bessere Qualität des Buchinhalts (z. B. mehr Seiten)
- Besseres (restliches) Produktlisting (Cover, Bewertungen etc.)

Welche Strategie man fährt, hängt von der Nische und von den Möglichkeiten jedes Einzelnen ab. Wenn man Experte auf einem Gebiet ist und über 200 Seiten mit vielen nützlichen Abbildungen schreibt, kann man auch einen relativ hohen Preis nehmen. Hat man ein Buch von einem günstigen Ghostwriter schreiben lassen, dann kann man wahrscheinlich weniger mit Qualität überzeugen. Gibt es bereits ein großes Angebot zu diesem Thema am Markt, wird es ebenfalls schwer, sich durchzusetzen.

Im Sachbuchbereich kann man meistens höhere Preise verlangen als bei Romanen. Es kommt also auch auf das Genre an, und manche Genres sind preisempfindlicher als andere (Wagner, 2020, S. 34). Im Romanbereich liegt der Preis von E-Books meistens bei ca. 0,99 € bis 2,99 €. Im Sachbuchbereich gibt es auch teurere E-Books von 4,99 € bis 9,99 € und aufwärts.

Man muss also für sich herausfinden, welche Strategie man verfolgen möchte. Der Günstigste am Markt zu sein ist natürlich sehr einfach. Man kann aber auch wieder leicht durch einen neuen, noch günstigeren Anbieter verdrängt werden. Wirklich nachhaltig ist diese Strategie also nicht. Außerdem hat man bei niedrigeren Preisen meistens auch weniger Gewinn (abhängig von den Druckkosten).

Man sollte von Beginn an die Marketingkosten in den Buchpreis einkalkulieren. Bei einer neuen Veröffentlichung kann man vor der Veröffentlichung die Kosten pro Klick für die wichtigsten Keywords und Kategorien (dazu später mehr) nachschlagen und diese in den Preis des Buchs einkalkulieren.

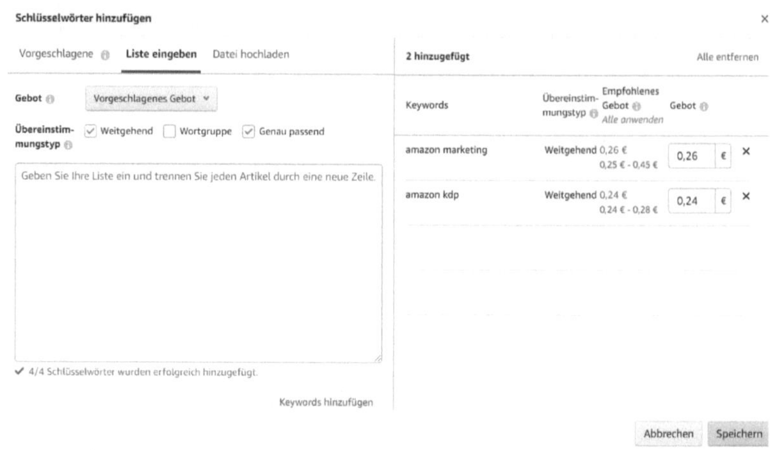

Abbildung 25: Gebotspreise vorab herausfinden.

Die Kosten für Marketing auf Amazon einzukalkulieren ist auch nicht schwer. Für die Berechnung eines Preises benötigt man nur die durchschnittliche Conversion Rate der Werbeklicks. Wenn die Kunden das Buch 100 Mal in den Suchergebnissen als Werbeanzeige sehen, und von den 100 Impressionen 10 Leser auf die Anzeige klicken, und davon wiederum ein Kunde das Buch kauft, liegt die Conversion bei 10 %. Jeder zehnte Kunde hat das Buch gekauft. Die Fachbegriffe werden im Kapitel über Amazon Marketing ausführlich erklärt.

Wenn man also die durchschnittliche Conversion Rate kennt, kann man auch die Marge des Buchs ganz einfach berechnen. Doch was ist die durchschnittliche Conversion Rate? Hier liegt die Herausforderung. Die Konvertierungsraten findet man meistens erst nach längerer Zeit heraus. Sie sind von der Ausrichtung der Werbeanzeige und natürlich von dem Buchthema abhängig. Man kann sich aber einiger Statistiken bedienen, um ein Gefühl für die Konvertierungsraten zu gewinnen:

Im Branchenindex von intelliad wird eine Conversion Rate bei Büchern von ca. 3,2 % aufgeführt (diva-e Products GmbH, 2020). Meine Conversion Rate sieht folgendermaßen aus: 6,06 % (bei 8,5 Millionen Impressionen, über 600 Bestellungen und ca. 1.000 Klicks). Bei einer Produkt-Ausrichtung sind es ca. 3,96 % und bei der Keyword-Ausrichtung ca. 8,89 %. Das Ganze bezieht sich auf einen Zeitraum von 6 Monaten. Rechnet man konservativ, sollte man also eine Konvertierungsrate von ca. 4-5 % erreichen können. Die Conversion Rate ist natürlich von vielen Faktoren abhängig. Besonders wichtig ist das gesamte Buchlisting. Weitere Informationen über die Kennzahlen gibt es im Kapitel über „Amazon Marketing“.

Nimmt man jetzt die Conversion Rate von 5 % und den Kosten-pro-Klick (CPC) von 0,26 € für das Keyword „Amazon Marketing“, kann man ganz genau berechnen, was man mindestens mit dem Buch verdienen müsste, um die Kosten für das Keyword zu decken.

Von 100 Klicks gibt es also 5 Bestellungen (5 % Conversion). Damit hätte man Ausgaben von 26 € (100x0,26 €). Man muss also mit 5 Bestellungen mindestens 26 € verdienen oder pro Buch mindestens 5,20 €. Wie gesagt ist die Conversion Rate sehr konservativ. Nimmt man eine optimistischere Betrachtung vor, muss man bei einer Conversion von 8 % mindestens 3,25 € verdienen. Dieser Rechenprozess lässt sich natürlich für das gesamte Marketing durchführen. Momentan bezieht sich die Beispielrechnung auf ein einzelnes Keyword. Kennt man aber zusätzlich den durchschnittlichen CPC aller Werbemaßnahmen, kann man ausrechnen, was man pro Buch ungefähr an Advertising-Budget einplanen sollte.

Der durchschnittliche CPC lag bei der gleichen Messung (wie oben) bei ca. 0,15 €, über alle Ausrichtungen hinweg. Es befanden sich hier hauptsächlich Sachbücher in der Datensammlung. Jeder sollte für sich selbst und für seine

Thematik durchschnittliche Daten über einen längeren Zeitraum erfassen. Die Beispieldaten sollten nicht verallgemeinert werden! Es ist empfehlenswert, zu warten, bis mehrere Millionen Impressionen und Tausende Klicks vorliegen, bis man einen Durchschnitt bildet. Dies hängt mit einer wissenschaftlichen Vorgehensweise zusammen.

Nimmt man nun die 0,15 € CPC und eine Conversion von ca. 5 %, sollte das Buch mindestens einen Gewinn von 3 € erzielen. Bei 100 Klicks, die 15 € Kosten erzeugen, gibt es im Durchschnitt 5 Bestellungen. Die CPC-Preise verstehen sich netto! Wenn man nicht vorsteuerabzugsberechtigt ist, muss man noch 19 % Steuer zum CPC addieren. Im Kapitel „Amazon Marketing“ wird weiter auf diese Thematik eingegangen.

Als Fazit sollte man also ziehen, dass ein Gewinn von 3 € (15 €/5) mindestens erzielt werden sollte, soweit man den Daten vertraut. Wie bereits erwähnt sollte man für sich selbst eine solche Berechnung und Datensammlung vornehmen. Vorgaben einfach zu übernehmen ist fahrlässig.

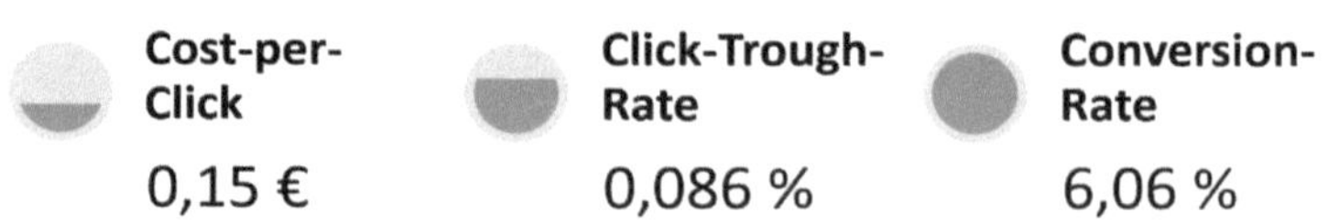

Abbildung 26: Beispiel: Datensammlung über alle Ausrichtungen hinweg.

Ausgehend von den 3 € Mindestgewinn kann man ganz einfach weiterrechnen. Einzig und allein die Seitenzahl beeinflusst jetzt noch die variablen Kosten. Mit dem Druckkostenrechner von Amazon kann man nun den endgültigen Listenpreis berechnen:

https://kdp.amazon.com/de_DE/help/topic/G200735480#royalty_calculator

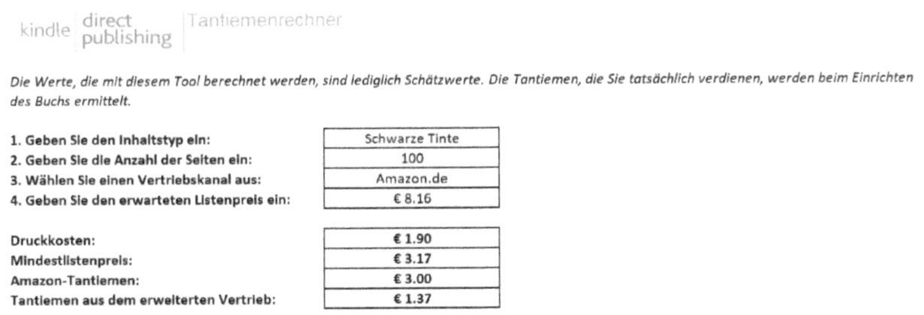
kindle direct publishing | Tantiemenrechner

Die Werte, die mit diesem Tool berechnet werden, sind lediglich Schätzwerte. Die Tantiemen, die Sie tatsächlich verdienen, werden beim Einrichten des Buchs ermittelt.

1. Geben Sie den Inhaltstyp ein:	Schwarze Tinte
2. Geben Sie die Anzahl der Seiten ein:	100
3. Wählen Sie einen Vertriebskanal aus:	Amazon.de
4. Geben Sie den erwarteten Listenpreis ein:	€ 8.16
Druckkosten:	**€ 1.90**
Mindestlistenpreis:	**€ 3.17**
Amazon-Tantiemen:	**€ 3.00**
Tantiemen aus dem erweiterten Vertrieb:	**€ 1.37**

Abbildung 27: Druckkostenrechner von Amazon KDP.

Um einen Gewinn von 3 € zu erzielen und somit die Werbekosten voraussichtlich zu decken, sollte man einen Listenpreis von 8,16 € für das Taschenbuch festlegen. Die Berechnung bezieht sich auf eine Seitenzahl von 100. Die MwSt. für Bücher beträgt normalerweise 7 %. Bei einem Preis für den Leser von 8,73 € (inkl. MwSt.) würde man also die Marketingkosten, laut der Berechnung, decken. Das ist natürlich kein optisch ansprechender Preis. 8,99 € oder 8,95 € wären optisch ansprechender. Diese Methode, den Preis festzulegen, könnte man als Bottom-up-Methode bezeichnen. Hierbei konzentriert man sich weniger auf die Konkurrenz. Man fokussiert sich auf die eigenen Werbeausgaben und auf die variablen Kosten.

Romanautoren können sogar die Gewinne aus Kindle Unlimited mit einberechnen. Bei Romanen machen die Kindle Unlimited-Verkäufe einen größeren Anteil aus als bei Sachbüchern. Bei Kindle Unlimited wird jede gelesene Seite vergütet. Steigen also die gelesenen Seiten in der KENP-Seiten-Statistik (Kindle Edition Normalized Pages) an, ist das ein Indiz, dass mehr Leser das Buch mit ihrem Kindle Unlimited-Abo lesen und nicht direkt gekauft haben. Seit Juli 2020 kann man nun sogar in Amazon Advertising verfolgen, wie viele Leser über eine Werbeanzeige Seite eines E-Books gelesen haben.

Neben der Bottom-up-Methode wird nun noch die Top-down-Methode vorgestellt. Wie bereits erwähnt sollte das

Ziel sein, mit der neuen Buchveröffentlichung die Konkurrenz zu schlagen. Man muss in einem kaufentscheidenden Faktor besser sein als die bisherigen Bücher. Bevor man das Buch also in Auftrag gibt oder anfängt, selbst daran zu schreiben, sollte man sich überlegen, wie viele Seiten man braucht, um vom Buchinhalt mindestens genauso gut zu sein wie die Konkurrenz. Dazu kann man sich einfach die Konkurrenzprodukte anschauen und in einer Liste aufführen. Man notiert sich die Seitenzahl und den Preis vergleichbarer Produkte. Der Fokus liegt hierbei auf vergleichbar. Verlagsbücher sollten nicht in die Datensammlung aufgenommen werden, da Verlagen weitere Vertriebsmöglichkeiten und andere Werbemaßnahmen zur Verfügung stehen. Wenn man mehr als 15-20 Bücher der Konkurrenz aufgelistet hat, bildet man den Durchschnitt der Seitenzahl und des Preises. Dann hat man einen sehr guten Überblick über die Preisstruktur der Nische.

	A	B
1	**Seitenzahl**	**Preis**
2	107	9.90 €
3	170	14.99 €
4	106	9.98 €
5	169	9.99 €
6	56	6.99 €
7	109	15.28 €
8	130	16.49 €
9	117	9.99 €
10	168	9.97 €
11	154	7.98 €
12	150	8.90 €
13	175	14.99 €
14	100	9.99 €
15	75	6.99 €
16	86	12.95 €
17	**Mittelwerte**	
18	125	11.03 €

Abbildung 28: Manuelle Analyse der Preisstruktur einer Nische.

Produktinformation
Taschenbuch: 69 Seiten
Verlag: Independently published (3. Oktober 2019)

Abbildung 29: Amazon KDP Bücher erkennt man meistens am Hinweis „Independently published" in den Produktinformationen.

Wenn man dieses manuelle Vorgehen zu kompliziert und aufwendig findet, kann man sich auch der Chrome Extension von Helium 10 bedienen. Helium 10 ist ein Analysetool für Amazon, das im Buchbereich des Öfteren benutzt wird. Ohne ein hilfreiches Tool wird es schwer, auf Amazon erfolgreich zu sein. Die Chrome Extension ist kostenlos. Helium 10 hat einige kostenlose Funktionen. Sucht man beispielsweise nach dem durchschnittlichen Preis von Büchern in der Nische „Pferdetraining", wird man durch das Tool schnell fündig. Durch das Tool „Xray" kann man sich ganz einfach eine Übersicht über die nützlichsten Kennzahlen einer Nische anzeigen lassen.

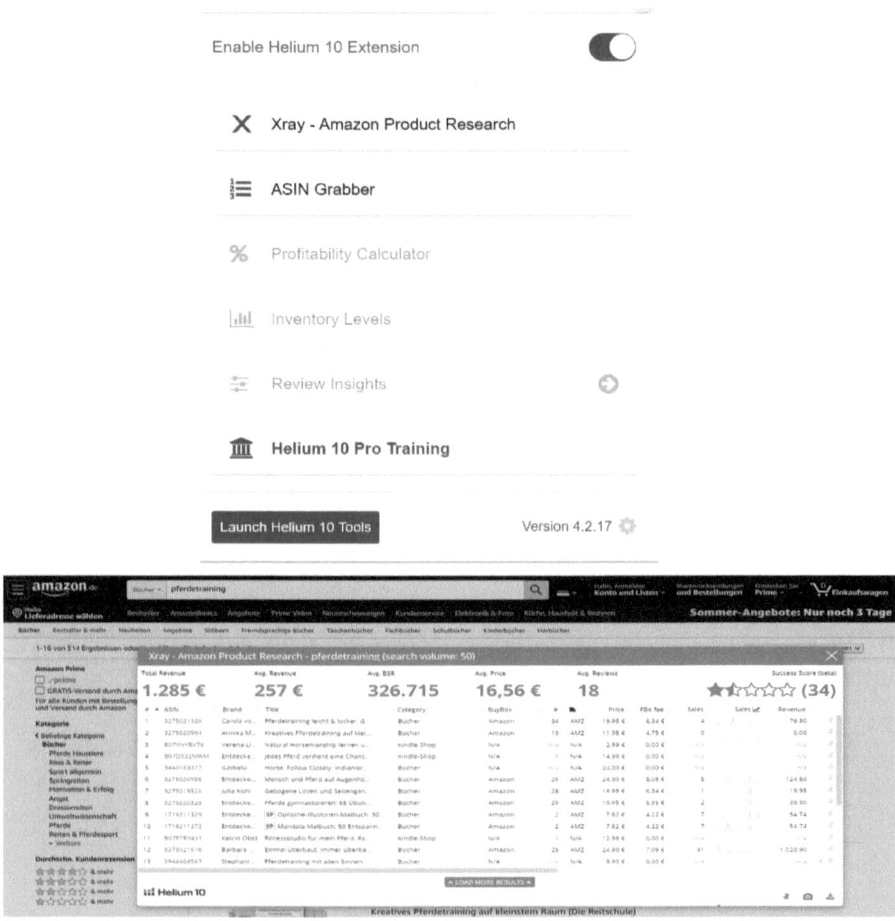

Abbildung 30: *Durchschnittlicher Preis einer Nische durch Xray herausfinden.*

Allerdings befinden sich in diesen Daten noch alle Bücher. Also auch die Verlagsbücher. Es macht auch Sinn, vorher in der Suche die Kategorie „Bücher" einzustellen, damit man wirklich nur Bücher und keine anderen Produkte angezeigt bekommt. Man kann einzelne Bücher, die von einem Verlag veröffentlicht wurden, mit einem Klick auf die Zahl am Anfang löschen. Wenn man mit dem Mauszeiger auf die Zahl geht, wandelt diese sich in einen Papierkorb um. Somit kann man sich nach und nach eine Übersicht mit relevanter Konkurrenz erstellen.

Abbildung 31: Daten im Xray-Tool manuell aussortieren.

Auch bei der Preisfestlegung sind einige wirtschaftspsychologische Erkenntnisse anwendbar. Vor allem die Preispsychologie spielt hier eine große Rolle. Die Preis-Qualitäts-Regel ist beispielsweise nichts anderes als eine Faustregel, die besagt, dass ein hoher Preis als Indikator für eine bessere Qualität steht (Mittelstaedt, 2020). Verbindet man die klassische Preisfunktion und die Preis-Qualitäts-Regel, erhält man folgende Preisfunktion:

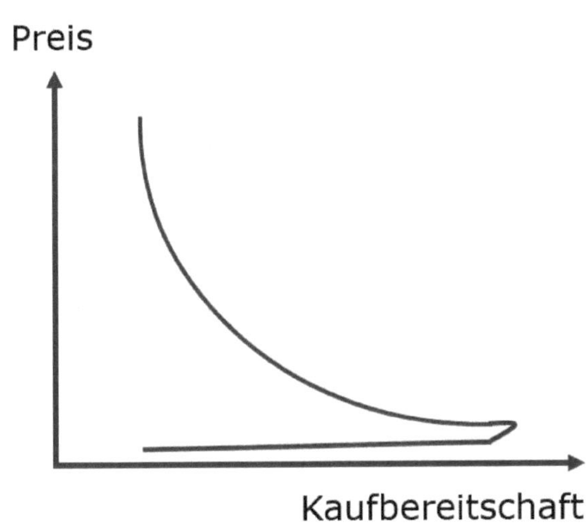

Abbildung 32: Zusammenhang zwischen Preis und Qualität.

Ist ein Preis zu niedrig, kann ein Misstrauen gegenüber der Buchqualität entstehen. Ein hoher Preis wird also als ein Signal verstanden, mit dem bestimmte Erwartungen verknüpft sind. Natürlich sollte man diese Erwartungen auch erfüllen, sonst kommt es schnell zu schlechten Bewertungen für ein überteuertes Buch.

Weitere spannende Erkenntnisse der Preispsychologie beziehen sich auf die letzte Zahl: Die Aufmerksamkeit, die der Kunde den verschiedenen Stellen einer Zahl gibt, nimmt von links nach rechts ab. Die linke Ziffer ist stets die wichtigste. Dieses Phänomen ist ein Gedächtnisfehler, da der Kunde bei der Konstruktion einer Zahl einige Stellen nur schätzt oder rät.

Beispiel: Bei der Zahl 2.499,99 € kann es sein, dass der Kunde sich hauptsächlich an die ersten beiden Ziffern erinnert und die 99er-Ziffern vernachlässigt, weshalb es bei der Konstruktion aus dem Gedächtnis dazu kommen kann, dass die erinnerte Zahl zwischen 2.400 und 2.499 liegt. Es macht immer Sinn, 99er-Zahlen zu verwenden, da es keine Situation gibt, bei der die Zahl größer erinnert wird, als sie in Wirklichkeit eigentlich ist.

Ob es zu diesem Effekt beim Kunden kommt, liegt vor allem am Referenzpreis. Liegen die Preise der Produkte nah beieinander, achtet der Kunde verstärkt auf die erste Zahl (Felser, 2015, S. 400). Ob man das Buch also für 9,99 € oder 10 € anbietet, macht psychologisch betrachtet einen großen Unterschied.

Beispiel: Bei einem Preisvergleich ist es demnach von großer Bedeutung, ob ein Produkt zu einem Preis von 2,99 € oder 3,00 € angeboten wird. Der Autor sollte definitiv den ‚99er-Preis wählen, da der Kunde vermehrt auf die erste Zahl (2) achtet, die bekanntlich kleiner ist als die 3 (Mittelstaedt, 2020).

Die Preis-Absatz-Funktion beschreibt, dass mit steigenden Preisen die Nachfrage sinkt. Je teurer ein Produkt ist, desto weniger wird es nachgefragt. Dabei beurteilen Kunden einen Preis in Abhängigkeit von einem subjektiven Referenzpreis als teuer oder günstig (Felser, 2015, S. 390). Man könnte diesen Preis auch den „fairen Preis des Kunden“ nennen. Ein Preis bewertet eine Transaktion und ist somit ein Hinweis darauf, wie fair ein Tauschgeschäft ist. Ein Kunde kauft ein Produkt, wenn der Nutzen des Produkts höher ist als der Schmerz (Preis), den er empfindet (Thaler, 1985).

Die Preis-Absatz-Funktion verläuft nicht monoton: Es gibt sogenannte Preisschwellen, bei denen die Nachfrage sprunghaft steigt oder sinkt. Innerhalb dieser Preisstufen wird eine Änderung des Preises von den Konsumenten kaum bemerkt (Felser, 2015, S. 391).

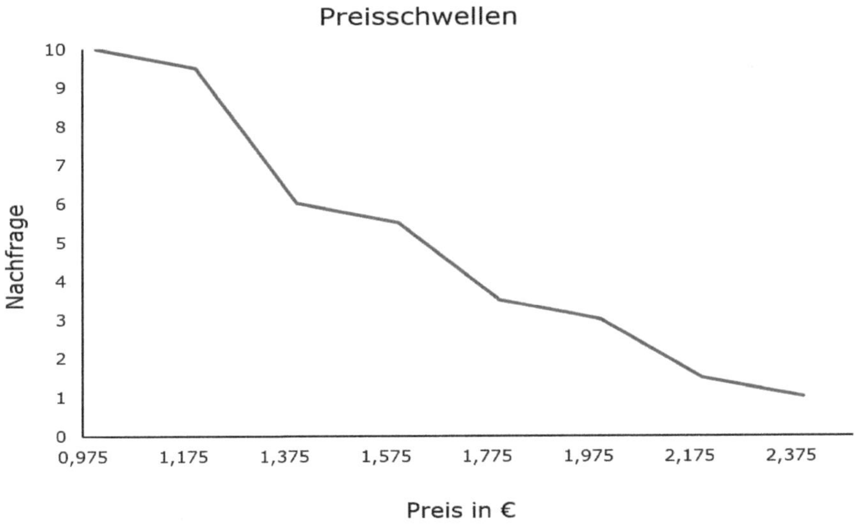

Abbildung 33: Beispiel einiger Preisschwellen.

Die Preisfestsetzung bei Amazon sollte also nie als abgeschlossen angesehen werden. Man sollte immer versuchen, den optimalen Preis durch Preisänderungen festzustellen. Man kann den Preis mit einer wissenschaftlichen Vorgehensweise immer mit kleinen Erhöhungen um 0,25 € oder 0,50 € anpassen. So könnte man sich langsam von 9,99 € zu 12,99 € hochtasten. Die Änderungen sollte man aber nicht jeden Tag vornehmen. Für eine ausreichende Datengrundlage sollte man schon mehrere Wochen oder Monate warten. Das hängt von der Kategorie ab und vor allem davon, wie oft der Preis betrachtet wird. Mehr dazu findet man im Kapitel über das wissenschaftliche Vorgehen.

Abschließend sollte man festhalten, dass man mit einer Qualitätsstrategie im Amazon Marketing mehr Möglichkeiten hat. Wenn man es schafft, mit hoher Qualität zu punkten, kann man einen höheren Preis verlangen. Über den höheren Preis kann man sich höhere Klickpreise bei der Werbung leisten und hat ein höheres Budget für die Werbung. Außerdem ist die Skalierung (Wachstum) einfacher möglich. Wenn man mit der Werbung beispielsweise 20 neue Verkäufe generieren kann, sind das bei einem 5 €-Buch nur 100 € Umsatz, bei einem 10 €-Buch schon 200 € Umsatz und bei einem 20 €-Buch sogar 400 € Umsatz.

Die Kategorien

Beim Uploadprozess hat man die Möglichkeit, zwei Kategorien für das Buch festzulegen. Die gewählten Kategorien sind wichtige Suchkriterien auf der Amazon Webseite. Die Kategorien sind wie Bücherregale im Einzelhandel. Man sollte zwei Kategorien auswählen, die am relevantesten für das Buch sind. Der Leser hat nämlich die Möglichkeit, über die Amazon Seiten auch direkt nach Büchern in einer Kategorie zu suchen. Über www.amalytix.com/amazon-kategorien kann man sich durch verschiedene Kategorien klicken. Das Tool ist kostenlos und sehr einfach zu bedienen und gibt einen guten Überblick über die Amazon Kategorien.

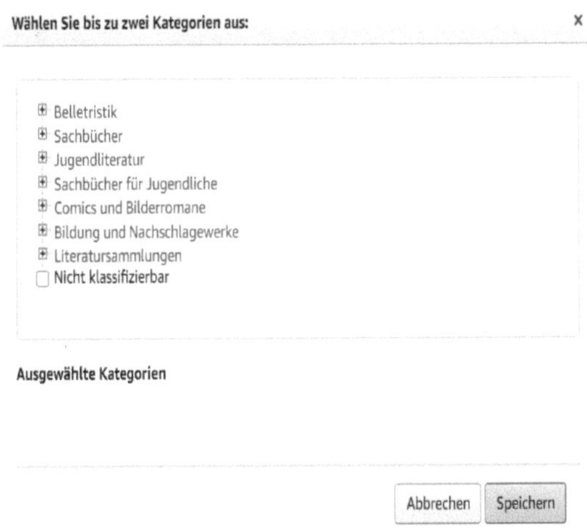

Abbildung 34: Kategorien auswählen.

Wie findet man nun passende Kategorien für das Buch?

Genauigkeit: Als Grundlage für die Suche sollte die Thematik des Buchs dienen. Man sollte keine Kategorien verbinden, die nicht zusammenpassen. Eine Kombination aus Belletristik und Sachbüchern ist nicht möglich. Die Kategorie „Comic" darf nur für Bilder mit Illustrationen verwendet werden.

Spezifisch sein: Man sollte nicht zu allgemeine Kategorien wählen. Über das Plus-Symbol kann man immer tiefer in die Kategorienauswahl eindringen. So kann man Kunden dabei helfen, ein Buch zu einer ganz bestimmten Thematik zu finden.

Kategorientiefe beachten: Durch eine Oberkategorie wird das Buch sehr wahrscheinlich auch in allen Unterkategorien angezeigt. Man braucht also nicht „BELLETRISTIK > Fantasy > Historisch" und „BELLETRISTIK > Fantasy" auszuwählen. Dennoch ist für den Amazon Algorithmus eine spezifische, präzise Kategorie effektiver als die Angabe einer überflüssigen zweiten, groben Kategorie.

Kategorien herausfinden: Um die passenden Kategorien für das Buch zu finden, kann man wieder bei der Konkurrenz nachschauen. Eine weitere Möglichkeit wäre es, die Amazon Seite zu besuchen, auf der die Kategorien aufgelistet sind. Hier kann man nach Belieben stöbern und die passende Kategorie finden.

Es gibt die Möglichkeit, die Auswahl der Kategorien erweitern zu lassen. Man kann an den KDP Support schreiben und um eine Erweiterung der Kategorien für das Buch bitten. Eine Erweiterung der Kategorien ist dann auf bis zu 10 Kategorien möglich. Zu beachten ist aber Folgendes: Es werden immer nur die Top 3 Kategorien auf der Amazon Webseite angezeigt und die Kategorienränge basieren auf den Kundenaktivitäten des Buchs (Verkäufe und Ausleihen).

Es werden somit keine neuen Kategorien automatisch hinzugefügt. Wenn dem Buch zum Beispiel 6 Kategorien zugeordnet wurden, werden immer nur die Top 3 Kategorien angezeigt. Falls eine andere Kategorie der restlichen 3 Kategorien (die sich nicht in den Top 3 befindet) mit dem Algorithmus übereinstimmt und besser als eine der Top 3 Kategorien ist, ersetzt diese Kategorie dann eine der Top Kategorien auf der Produktseite. Alle bereits zugeordneten Kategorien bleiben weiterhin (im Hintergrund) vorhanden. Es ist sehr wahrscheinlich, dass genau die Kategorien auf der Produktdetailseite angezeigt werden, in denen das Buch am besten platziert ist.

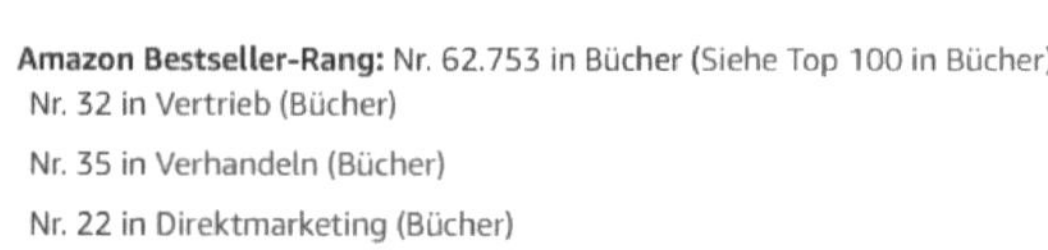

Abbildung 35: Kategorienanzeige auf der Produktdetailseite.

Damit Amazon KDP die neuen Kategorien manuell erweitern kann, ist es wichtig, den richtigen und kompletten Kategoriepfad anzugeben. Es ist nicht möglich, eine Kategorie anhand eines einzigen Begriffes hinzuzufügen (oder zu entfernen).

Deswegen wird darum gebeten, dass man bei E-Books die jeweiligen vollständigen E-Book-Kategoriepfade (Kindle-Shop) und bei Taschenbüchern die vollständigen Taschenbuch-Kategoriepfade (Bücher) aufführt.

Beispiele von vollständigen Kategoriepfaden:

* Kindle-Shop > Kategorien > Kindle E-Books > Business & Karriere > Marketing & Verkauf > Marktforschung (E-Book)

* Bücher > Kategorien > Business & Karriere > Marketing & Verkauf > Marktforschung (Taschenbuch)

Es kann Kategorien im Kindle-Shop geben, die es im Bücher-Shop nicht gibt, und umgekehrt. Man sollte also berücksichtigen, dass man beispielsweise keine Taschenbuch-Kategorien einem E-Book zuordnen kann. Fachbücher-Kategorien (nicht mit Sachbüchern verwechseln) können ebenfalls nicht zugeordnet werden.

Auf der linken Seite der Amazon-Webseite findet man alle Haupt- und Unterkategorien:

* Kindle-Shop: https://amzn.to/2LzmHbS

* Bücher: https://amzn.to/2ofljRy

Es gibt einige besonders „pfiffige" Autoren, die versuchen, unrelevante Buchkategorien auszuwählen, um das Bestseller-Abzeichen zu bekommen. Das Bestseller-Badge entsteht aus der Berechnung der Verkaufsränge (siehe nächstes Kapitel). Hat ein Buch Platz 1 in einer Kategorie erreicht, bekommt man ein Bestseller-Abzeichen. Es gibt den Mythos, dass eine Kategorie mindestens 100 Bücher besitzen muss, damit es auch einen Bestseller-Badge für diese Kategorie gibt. Offizielle Angaben von Amazon findet man aber dazu nicht. Um herauszufinden, wie viele Bücher in einer Kategorie sind, kann man die Verfeinerung in der Produktausrichtung bei den Kategorien benutzen (siehe Kapitel: Anzeigengruppen erstellen).

Auf Nachfrage beim Support von Amazon KDP kamen nur wenige Informationen: Das Buch müsse auf Platz 1 rangieren und in der Vergangenheit sowie kürzlich die Mindestzahl an Verkäufen erzielt haben. Die Kriterien würden regelmäßig überprüft. Nähere Informationen könne man aber leider nicht geben.

Abbildung 36: Das Bestseller-Abzeichen.

Dieses Bestseller-Abzeichen gibt es, wie bereits erwähnt, für unterschiedliche Kategorien und ist dann neben dem Cover in den Suchergebnissen und auf der Produktdetailseite sichtbar. Eine Strategie besteht nun darin, Kategorien für das Buch auszuwählen, die wenige Bücher enthalten und wo es wahrscheinlicher ist, solch ein Bestseller-Abzeichen zu erhalten. So kann es passieren, dass Wirtschaftsratgeber in der Kategorie Getränke landen. Diese Strategie hat einige Nachteile:

- Ein Bestseller-Badge ist meistens sowieso nur von kurzer Dauer. Außer man schafft es, sich langfristig in einer Nische zu platzieren. Wird dieses Vorgehen jedoch von einem Konkurrenten beobachtet, kann es einfach nachgemacht werden.
- Der Amazon Algorithmus kann die Kategorie anpassen. Wird also im KDP Dashboard bei den Buchdetails eine Kategorie ausgewählt, die nicht passend ist, nimmt Amazon diese Kategorie vielleicht gar nicht erst auf.

- Dieses Vorgehen hat einen negativen Effekt auf das Amazon SEO. Mehr dazu erfährt man im Kapitel über Amazon SEO.
- Die Relevanz des Buchs für das eigentliche Thema sinkt, da es sich nicht in der passenden Kategorie befindet. Dadurch kann es dazu kommen, dass man einen höheren CPC (Cost-per-Click) hat, also einen höheren Preis pro Klick für die Werbung bezahlen muss (Wagner, 2020, S. 42). Mehr zu diesem Thema gibt es im Kapitel „Amazon Marketing".

Die Verkaufsränge

Die Verkaufsränge basieren auf den Kundenaktivitäten und werden automatisch von Amazon berechnet. Es fließen Verkäufe und Ausleihen/Kindle Unlimited-Käufe (bei E-Books) in den Bestseller-Rang ein. Ein Buch auf Rang 1 in „Marketing allgemein" ist daher das Buch mit den meisten Aktivitäten in genau dieser Kategorie. Die Ränge in der Kategorie werden auf der jeweiligen Produktdetailseite angezeigt. Stornierte Bestellungen fließen nicht in den Verkaufsrang ein. Der Verkaufsrang hat erfahrungsgemäß einen Einfluss auf die Sichtbarkeit des Buchs. Schaut man sich die Suchergebnisse bei Amazon an, sind oft Bücher zu sehen, die einen hohen Verkaufsrang besitzen. Die Sichtbarkeit könnte natürlich auch den Verkaufsrang beeinflussen. Es ist nicht ganz klar, ob die Sichtbarkeit den Verkaufsrang beeinflusst oder umgekehrt. Auf jeden Fall ist ein guter Verkaufsrang gut für das Amazon Ranking.

Laut Amazon wird der Verkaufsrang stündlich aktualisiert. Es kann aber auch zu Verzögerungen von 24 bis 48 Stunden kommen. Der Verkaufsrang wird aus der Historie und anhand aktueller Aktivitäten gebildet. Die neuen Aktivitäten werden dabei stärker gewichtet. Der Amazon Bestseller-Rang ist immer relativ zu verstehen (Fries & Bruns, 2019, S. 65).

So kann das Buch beispielsweise im Vergleich zu einem anderen Buch in derselben Kategorie auf Platz 12 liegen. Der Bestseller-Platz oder Verkaufsrang des Buchs kann sich ändern, ohne dass sich die Aktivität des Buchs geändert hat. Wenn aber die Konkurrenz mehr Verkäufe erzielt hat als in einem vergleichbaren Zeitraum davor, kann es dennoch zu Veränderungen kommen. Der Konkurrenz überholt somit das eigene Buch.

Hat Amazon bereits viele Daten über ein Buch gesammelt, schwankt der Verkaufsrang nicht mehr so stark wie bei neuen Büchern. Wie bereits erwähnt, geht auch die Historie in die Verkaufsränge ein. Die Volatilität (Schwankungsanfälligkeit) des Buchs hängt natürlich auch von den Verkaufszahlen ab. Wird das Buch sehr oft verkauft und ist dementsprechend weit oben in der Amazon Bestsellerliste vertreten, hat ein einzelner Verkauf keinen großen Einfluss mehr. Bei einem schlechter platzierten Buch kann ein Verkauf dagegen einen großen Sprung im Verkaufsrang bewirken.

Wichtig ist, zu erkennen, dass es einen Unterschied gibt zwischen den Kategorien-Platzierungen und den Amazon Bestseller-Rängen („siehe Top 100"). Die Kategorien sind, wie bereits erwähnt, immer relativ zu verstehen. Der Bestseller-Rang (BSR) bezieht sich auf alle Bücher. Nur für E-Books und Taschenbücher wird ein eigener Rang ermittelt.

Möchte man Bücher miteinander vergleichen, kann es also Sinn machen, den BSR zu vergleichen. Da dieser aber stark schwanken kann (siehe Volatilität), macht es keinen Sinn, Bücher nur zum aktuellen Zeitpunkt miteinander zu vergleichen. Man muss den BSR stets im Zeitverlauf betrachten. Dazu benötigt man wieder die Chrome Extension von Helium 10. Es gibt jedoch auch andere Tools dafür (eine Übersicht findet sich im Anhang). Der Zeitverlauf des BSR erscheint dann automatisch auf der Produktdetailseite von Amazon. Auch das Xray Tool ist hier wieder sehr hilfreich.

Abbildung 37: BSR im Zeitverlauf betrachten.

Wie man erkennen kann, gibt es große Schwankungen bei den Bestseller-Rängen. Dies kann mehrere Ursachen haben. Die Volatilität des BSR kann abhängen von:

1. Saisonalität: Manche Suchanfragen schwanken sehr stark im Verlauf eines Jahres. Es gibt Themen, die einen bestimmten Trendverlauf haben. Es kann sein, dass ein Thema nur im Winter oder Sommer gefragt ist. Außerdem kann ein Thema nur zu bestimmten Zeitpunkten, z. B. Feiertagen, gefragt sein. Bei der Betrachtung der Verkaufsränge sollte man also, wenn möglich, den 1-Jahres-Verlauf betrachten. Mit Google Trends kann man den Zeitverlauf eines Themas einsehen.

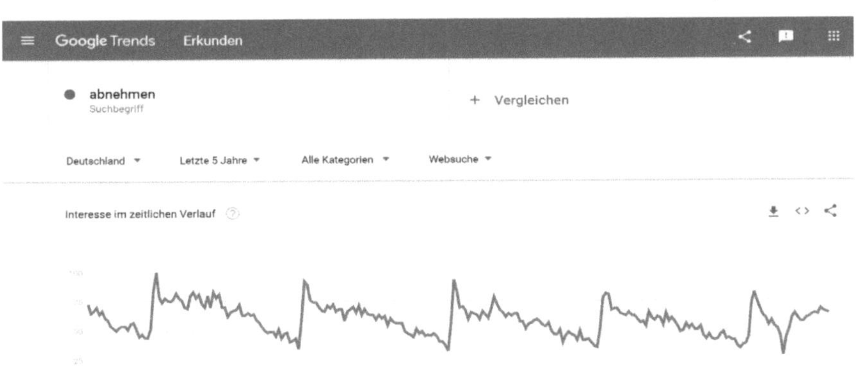

Abbildung 38: Abnehmen als Trend zum Jahresanfang.

Mit Helium 10 kann man auch das Suchvolumen von bestimmten Keywords im Zeitverlauf einsehen. Sudokus beispielsweise werden besonders gerne in der Weihnachtszeit bestellt. Außerdem hat der Corona-Lockdown zu einer stärkeren Nachfrage geführt. Es können also auch bestimmte Events eine erhöhte Nachfrage und somit veränderte Verkaufsränge auslösen.

Abbildung 39: Trendverlauf bei „Sudoku".

Ein weiteres praktisches Tool zur Erkennung von Trends ist der Keyword-Planer von Google. Die Registrierung bei Google Ads ist kostenlos. Man muss keine Werbung schalten, um den Keyword-Planer benutzen zu können. Auch hier kann man die konkrete Suchnachfrage bei Google im 1-Jahres-Verlauf betrachten. Im Gegensatz zu Google Trends aber mit Suchvolumen.

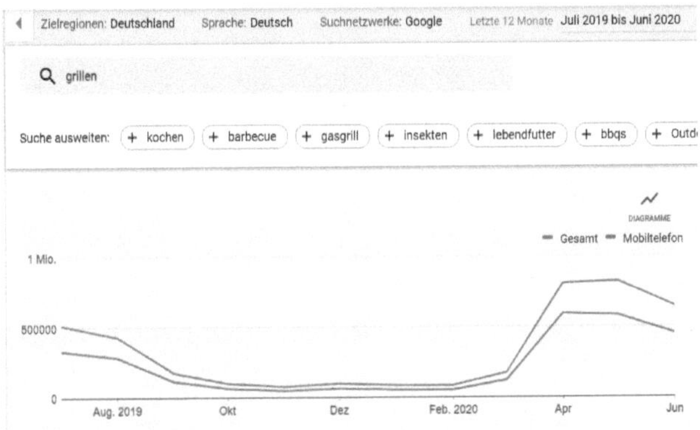

Abbildung 40: Keyword-Planer von Google.

2. Interne Werbung: Hat ein Autor mehrere Bücher unter seinem Namen veröffentlicht, kann es sein, dass ein Kunde bereit ist, mehrere Bücher eines Autors zu kaufen. Vielleicht hat der Autor auch erst vor kurzem angefangen, Werbung für seine Bücher zu schalten. Dies könnte auch den Verkaufsrang beeinflussen.

3. Externe Werbung: Der Autor des anderen Buchs schaltet vielleicht Werbung über Facebook oder andere Social Media Plattformen. Eventuell wird ein Buch auch seit kurzem auf einem Blog oder YouTube Kanal beworben.

4. Änderungen im Produktlisting: Beim Buch wurde eventuell das Produktlisting verbessert.

Die Bewertungen

Die Bewertungen haben über die Sozialpsychologie ebenfalls einen großen Einfluss auf die Kaufentscheidung des Kunden. Da man vorab das Produkt nicht selbst testen kann bzw. nicht im Buch blättern kann, verlässt man sich gerne auf die Erfahrungen anderer Leser. Amazon selbst spricht bei seiner „Retail Readiness" davon, dass man mindestens 15 Bewertungen mit mindestens 3,5 Sternen haben sollte. Man kann den Leser dazu ermutigen, eine Bewertung auf Amazon zu schreiben.

Auf der letzten Seite im Buch bietet es sich an, darauf hinzuweisen. Viel wird dabei aber nicht wirklich herumkommen. Eine Faustregel besagt, dass gerade einmal 1 Leser von 100 eine Bewertung auf Amazon verfasst. Es bringt auch nichts, wenn das Buch über 100 Bewertungen hat, wenn auf der Produktdetailseite die schlechten Bewertungen ganz oben stehen, weil diese als nützlich markiert wurden. Es kommt also gar nicht so sehr auf die Anzahl an, sondern vor allem auf die schlechten Bewertungen.

Man sollte die Macht von Bewertungen jedoch nicht überschätzen. Zehn Bewertungen reichen anscheinend völlig aus, um keinen großen Wettbewerbsnachteil zu bewirken:

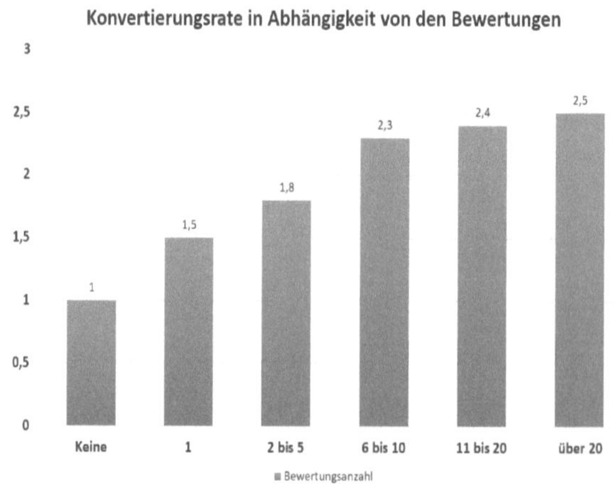

Abbildung 41: Zusammenhang Bewertungen und Conversion Rate, Quelle: vgl. (Kelm, 2019, S. 375)

Es gibt ein Unterschied zwischen verifizierten und nicht verifizierten Bewertungen. Bei verifizierten Bewertungen wurde das Produkt tatsächlich gekauft. Die Bewertung mit

Sternen stellt dabei nicht einfach den Mittelwert dar. Amazon unterscheidet zwischen verifiziert, nicht verifiziert und nützlichen Bewertungen. Wie genau die durchschnittliche Bewertung mit Sternen berechnet wird, ist unklar (Fries & Bruns, 2019, S. 187). Durch die Aufrundung kann es auch dazu kommen, dass optisch 5 Sterne vergeben werden, das Buch aber tatsächlich beispielsweise nur 4,8 Sterne hat.

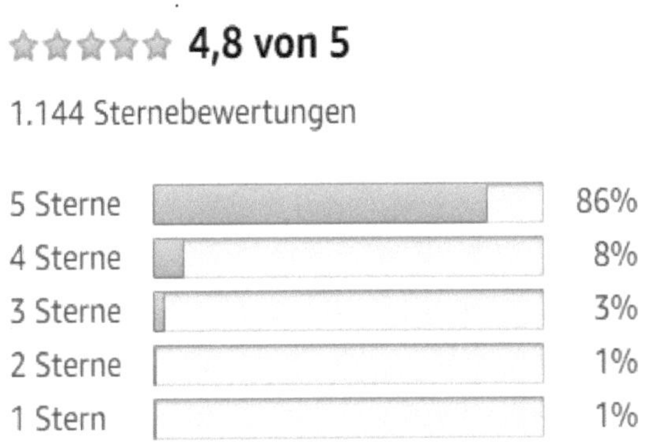

Abbildung 42: Mittelwert der Bewertungen.

Es gibt umfassende Amazon Richtlinien zum Verfassen von Rezensionen. Diese sollte man dringend einhalten:

https://www.amazon.de/gp/help/customer/display.html?nodeId=GLHXEX85MENUE4XF

Wie kann man nun an Bewertungen kommen?

- Social Media Reichweite aufbauen und Follower über das neue Buch informieren und um eine Bewertung bitten.
- Buchblogger anschreiben und um eine faire Bewertung bitten.
- Autorenexemplare versenden und um eine faire Bewertung bitten.

- Leser aktiv um eine Bewertung bitten.

Viel gibt es leider nicht über die Bewertungen zu sagen, da viele Möglichkeiten nicht legal sind und in den Richtlinien verboten werden. Wenn man mehr über den „Erhalt" von Bewertungen wissen möchte, sollte man sich in diversen Facebook-Gruppen informieren. Man sollte definitiv keine Angst haben, ohne Bewertungen Werbung zu schalten. Man kann nachweislich auch ohne Bewertungen Erfolge erzielen, und dann hoffentlich die ersten guten, „natürlichen" Bewertungen sammeln (eigene Erfahrung).

Bei schlechten Bewertungen sollte man an Amazon KDP Hilfe schreiben und vor allem auch an den Community Support: community-help@amazon.de. Man sollte direkt die Richtlinien nennen, gegen die eine Bewertung verstößt. Eine weitere E-Mail-Adresse, die helfen kann, ist: review-appeals@amazon.de. Dort kann man Bewertungen nachfragen, die nicht veröffentlicht wurden. Danach kann man nur noch hoffen, dass Amazon den Verstoß gegen die Richtlinie einsieht.

Weitere Faktoren

Drei weitere und letzte Einflussfaktoren auf die Kaufentscheidung des Kunden sind der „Blick ins Buch", die Autorenseite und die Produktinformationen.

Der **Blick ins Buch** ist ein kostenloses Programm von Amazon, das es Kunden ermöglicht, Leseproben von Taschenbücher und E-Books zu durchsuchen und in der Vorschau zu betrachten. Den „Blick ins Buch" kann man ganz einfach öffnen, indem man auf das Cover des Buchs klickt.

Titel mit „Blick ins Buch" werden mit einem „Blick ins Buch"-Pfeil am Coverbild des Buchs versehen:

Abbildung 43: „Blick ins Buch“-Pfeil.

Das Buch, das man veröffentlicht hat, wird automatisch für den „Blick ins Buch“ angemeldet. Man kann diese Funktion aber auch nicht abschalten. Den „Blick ins Buch“ gibt es sowohl für die Taschenbuch- als auch für die E-Book-Variante des Buchs. „Blick ins Buch“ ist derzeit nur für KDP-Titel auf Amazon.com, Amazon.ca, Amazon.cn, Amazon.co.uk, Amazon.de, Amazon.es, Amazon.it, Amazon.fr, Amazon.com.br, Amazon.com.mx, Amazon.co.jp, Amazon.com.au und Amazon.in verfügbar.

Abbildung 44: „Blick ins Buch“ Beispiel.

Man kann über Authorcentral.de den „Blick ins Buch“ ändern lassen. Es ist möglich, die Menge der angezeigten Seiten zwischen 10 % und 80 % bei Taschenbüchern und zwischen 5 % und 45 % bei E-Books verändern zu lassen. Welche Seiten ausgewählt werden, erfolgt zufällig. Man kann keine bestimmten Seiten festlegen lassen. Über Authorcentral kann man jederzeit den Support anschreiben und die Änderung der Prozentzahl vornehmen lassen.

Der „Blick ins Buch“ hilft dem Leser, ein Gefühl für die Qualität und die Formatierungen des Buchs zu bekommen.

Ein zu großer Einblick ins Buch verringert jedoch eventuell die Spannung, die der Leser aufbauen kann, da bereits vieles vom Inhalt kostenlos ersichtlich ist.

Die **Autorenseite** bietet auch „Independently published" Autoren die Möglichkeit, eine Marke aufzubauen und einen professionellen Autorenauftritt zu erstellen. Man kann Kunden dabei helfen, den Autor kennenzulernen. Gleichzeitig hat man die Möglichkeit, den Kunden dabei zu unterstützen, mehr über die Bücher zu erfahren. Auf der Autorenseite findet man wichtige Informationen, wie z. B. Bibliografie, Biografie und Autorenfotos. Es gibt sogar die Möglichkeit, die Bücher in einem Video vorzustellen. Außerdem kann man in der Autorenbiografie eine Webseite verlinken und somit zusätzliches Vertrauen beim Leser aufbauen und sich qualitativ von der Konkurrenz abheben.

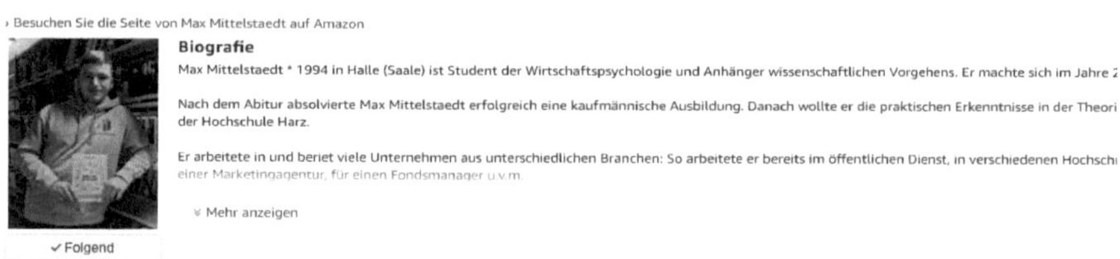

Abbildung 45: Hinweis: Mehr über den Autor auf der Produktdetailseite.

Abbildung 46: Vollständiges Autorenprofil schafft Vertrauen beim Leser.

Eine Anmeldung bei Authorcentral ist ganz einfach. Eine Autorenseite kann nicht über Amazon KDP erstellt werden.

Man muss sich zusätzlich bei Authorcentral anmelden. Änderungen am Autorenprofil können jederzeit vorgenommen werden. Bevor man eine Autorenseite erstellen kann, muss man seine Identität nachweisen. Am einfachsten geht dies, indem man sich mit seinem Amazon Account anmeldet, mit dem man auch bei Amazon KDP registriert ist. Möchte man mehr über den Kontostatus erfahren, gibt es einen extra Link dafür: https://authorcentral.amazon.de/gp/help/account-status. Man kann auch an das Authorcentral Team schreiben und nachfragen. Die Aktivierung dauert in der Regel 3-5 Tage. Nach der Erstellung kann man bis zu drei Konten (mit oder ohne Pseudonym) erstellen lassen.

Bücher, die zu dem Autor gehören, müssen manuell hinzugefügt werden. Über den Reiter „Bücher" und „Mehr Bücher hinzufügen" kann man manuell über den Buchtitel oder die ASIN die passenden Bücher zur Autorenseite hinzufügen. Dieser Prozess dauert erfahrungsgemäß 1-2 Tage.

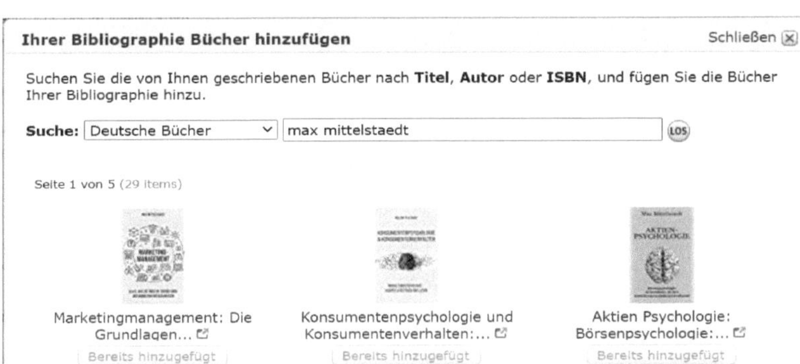

Abbildung 47: Bücher zum Autorenprofil hinzufügen.

Die **Produktinformationen** geben dem Leser Auskunft über die Seitenzahl, den Verlag und das Format des Buchs. Vor allem die Seitenzahl ist interessant, da man hier die quantitativen Unterschiede zwischen den Büchern erkennen kann. Es ist zudem meistens sofort ersichtlich, ob ein Buch mit Amazon KDP erstellt wurde oder nicht. Außerdem erhält man Einblick in die bereits angesprochenen Kategorien und den Bestseller-Rang.

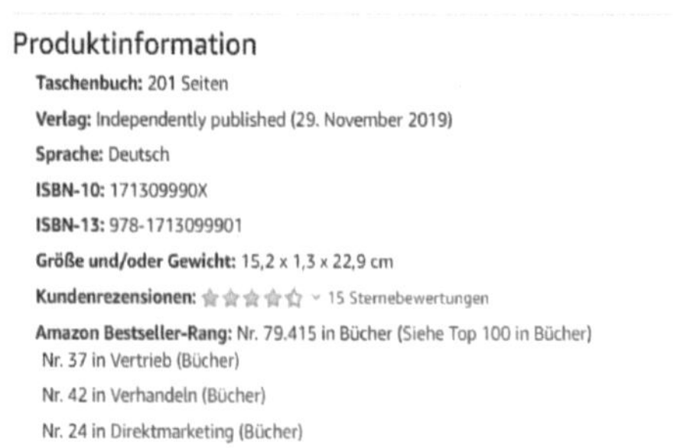

Produktinformation

Taschenbuch: 201 Seiten

Verlag: Independently published (29. November 2019)

Sprache: Deutsch

ISBN-10: 171309990X

ISBN-13: 978-1713099901

Größe und/oder Gewicht: 15,2 x 1,3 x 22,9 cm

Kundenrezensionen: 15 Sternebewertungen

Amazon Bestseller-Rang: Nr. 79.415 in Bücher (Siehe Top 100 in Bücher)
Nr. 37 in Vertrieb (Bücher)
Nr. 42 in Verhandeln (Bücher)
Nr. 24 in Direktmarketing (Bücher)

Abbildung 48: Die Produktinformationen.

Der Buch-veröffentlichungs -prozess

Nach den Grundlagen zu Amazon KDP und dem Aufbau eines Produktlistings ist es nun an der Zeit, zu lernen, wie man ein komplettes Buch erstellt. Die Frage, die man sich stellen muss, ist, wie viel Geld und Zeit man bereit ist, zu investieren. Macht man alles (schreiben, Cover erstellen und Buch formatieren) selbst, kann man viel Geld sparen. Das Problem dabei ist, dass man nicht wirklich in die Skalierung kommt. Es macht einen großen Unterschied, ob man ein Buch pro Jahr, pro Monat oder pro Woche veröffentlichen kann. Mit einem vierstelligen Startkapital kann man deswegen viel besser in Amazon KDP investieren und skalieren. Aber auch mit wenig Kapital (ab 200 €) kann man erfolgreich Bücher auf Amazon veröffentlichen, wenn man bereit ist, selbst ein Buch zu schreiben!

No Content, Low Content und High Content Bücher

Wenn man auf Amazon erfolgreich sein möchte, muss man die Frage klären, welche Bücher man dort veröffentlichen möchte. Die Bücher, die man auf Amazon verkaufen kann, unterteilen sich in No Content, Low Content und High Content Bücher.

No Content Bücher: Dies sind Bücher, die wenig Mühe in der Herstellung machen. Dazu zählen beispielsweise Notizbücher. Es gibt haufenweise Notizbücher auf Amazon. Der Vorteil ist die enorme Menge an Notizbüchern, die man in kurzer Zeit veröffentlichen kann. Man erstellt einfach beliebig viele leere Seiten und verändert immer wieder das Cover und den Titel des Buchs. Der Nachteil ist die große Konkurrenz und der starke Wettbewerb. Hier lockt das angeblich schnelle Geld. Diese Art der Veröffentlichung macht höchstens dann Sinn, wenn man auch im „Merch by Amazon" Business aktiv ist und bereits viele Designs erstellt hat, die man einfach auf Amazon KDP übertragen kann.

Low Content Bücher: Dies sind Bücher, die etwas mehr Aufwand benötigen und einen gewissen individuellen Inhalt haben. Dazu zählen beispielsweise Malbücher, Sudokus oder Tagebücher. Auch hier ist die Konkurrenz sehr groß. Mit etwas Mühe lassen sich aber vereinzelt noch Nischen finden. Auch hier kann man nachhaltig erfolgreich sein, wenn man vor allem über die Quantität kommt. Mit nur einem Malbuch sehr erfolgreich zu sein, wird schwer. Mit 50 Malbüchern ein drei- oder vierstelliges Einkommen aufzubauen, ist dagegen möglich. Weitere Ideen für No Content und Low Content Bücher sind: Notizbücher, Musikhefte, Hausaufgabenhefte, Planer, Essenspläne, Fitnesstagebücher, Trainingsbücher, Blöcke, Malhefte, Sudokus, Malen nach Zahlen, Tagebücher, Skizzenbücher, Kalender, Kochbücher, Wanderbücher, Logbücher, Fahrtenbücher und vieles mehr.

High Content Bücher: Dies sind Bücher, die viel Zeit und Mühe kosten. Hier geht es darum, professionelle Ratgeber oder Romane zu schreiben oder schreiben zu lassen. Die Möglichkeiten, hiermit Geld zu verdienen, sind beinahe endlos. Es gibt unzählige Nischen und Themen. Eine

Skalierung mit einem gewissen Startkapital vorzunehmen, ist sehr einfach. Bei dieser Gruppe von Büchern ist Amazon Marketing besonders wichtig. Der Vorteil besteht darin, dass diese Buchart nicht so schnell nachgemacht werden kann.

Alle nachfolgenden Beispiele und Inhalte beziehen sich auf High Content Bücher. Die Tipps und Tricks lassen sich aber einfach übertragen. Die Nischenfindung läuft beispielsweise immer gleich ab, egal ob No Content, Low Content oder High Content Buch.

Nischen finden

Um den Begriff „Nische" besser zu verstehen, folgt nun ein kleiner Ausschnitt aus dem Buch „Marketingmanagement – Grundlagen des Markting einfach erklärt": Wenn man seinen Zielmarkt (z. B. Romane oder Sachbücher) oder seine Zielgruppe (Kinder, Anfänger oder Fortgeschrittene) gefunden hat, ist es interessant zu wissen, ob es weitere Aufteilungsmöglichkeiten innerhalb dieser Zielmärkte oder -gruppen gibt. Daher bildet man Segmente (Becker, 2009) und (Kotler & et al., 2007).

Segmentierung: Als Segmentierung bezeichnet man die Aufteilung der Gesamtheit in kleinere Teilgruppen. Bezogen auf den Markt und die Zielgruppe bedeutet das, dass man den Gesamtmarkt und die Kunden in Kundengruppen und Markteinheiten aufteilt. Wonach bzw. wie man die Gesamtheit aufteilt, bleibt eine strategische Entscheidung. Nach der Segmentierung kann man das Targeting vornehmen. Die Segmentierung könnte man auch als Analysetool nutzen, um den Markt und die Kundengruppen zu unterscheiden. Die Segmentierung wird eine Marketingstrategie, wenn man das Angebot an die Segmente anpasst und das Targeting durchführt.

Targeting: Die Entscheidung bzw. eine Handlung, bei der mindestens eines der Segmente bedient wird. Diese

Strategie ist also eine Fokussierung auf ausgewählte Nischen. Bestimmte Aspekte des Marketings, vor allem die Taktik, sollen an die ausgewählten Segmente angepasst werden.

Bei einer Nische fokussiert man sich also auf ganz bestimmte Teilbereiche des Buchmarktes. Es folgen einige Beispiele, um den Begriff zu verdeutlichen:

- Marketing (Gesamtmarkt) – Online-Marketing (Segment) – Marketing für Anfänger (spezifischere Nische)
- Diät (Gesamtmarkt) – Intervallfasten (Segment) – Intervallfasten für Sportler (spezifischere Nische)
- Malbücher (Gesamtmarkt) – Malbücher für Kinder (Segment) – Einhorn-Malbücher für Mädchen ab 4 Jahren (spezifischere Nische)

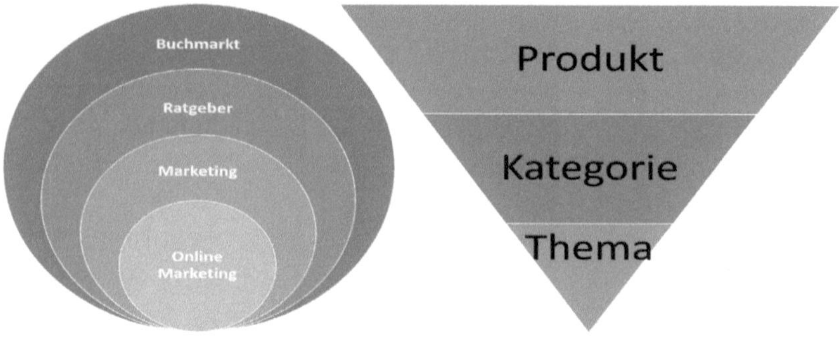

Abbildung 49: Übersicht Nische.

Wie spezifisch man eine Nische definiert, ist jedem selbst überlassen. Nischen haben eines gemeinsam: die Konkurrenz sollte relativ gering sein. Für den Suchbegriff „Marketing“ gibt es mehr als 100.000 Ergebnisse auf Amazon. Für den

Suchbegriff „Online-Marketing“ noch 80.000 Ergebnisse und für „Online-Marketing für Anfänger“ nur noch 823 Ergebnisse.

Abbildung 50: Anzahl der Suchergebnisse.

Die Kunst besteht nun darin, ein Thema zu finden, das weniger Konkurrenz hat, aber ähnlich oft nachgefragt wird wie ein Oberthema. Stellt man sich vor, dass „Online-Marketing“ 200 Mal im Monat angefragt wird und „Online-Marketing für Anfänger“ 150 Mal im Monat, wäre das ein optimales Ergebnis, da man eine ähnlich hohe Suchnachfrage hat, aber deutlich weniger Konkurrenz bei der Nische für Anfänger. Die Begriffe „Suchbegriff“ (Keyword), „Thema“ und „Nische“ zu trennen ist dabei nicht so einfach. Eine Nische kann auch ein Keyword sein. Meistens gibt es aber mehrere Keywords, die zu der Nische passen. Die Keywords „Online-Marketing für Anfänger“ und „Online-Marketing für Beginner“ sind unterschiedlich. Die Nische bleibt aber gleich. Eine Nische kann man als spezifisches Thema bezeichnen, das eine ganz bestimmte Zielgruppe anspricht (Definition oben).

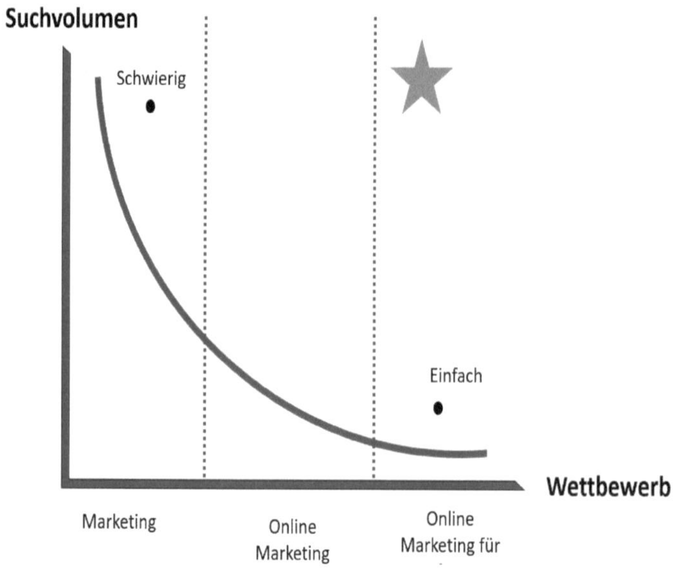

Abbildung 51: Optimale Nische finden.

Mit der Nischen-Recherche sind auch die Begriffe Longtail- und Shorttail-Keywords eng verbunden. Die Suchbegriffe der Kunden auf Amazon haben eine unterschiedliche Länge. „Marketing“ ist ein sehr kurzer Suchbegriff (Shorttail). Mit diesem Suchbegriff spricht man eine breite Leserschaft an. Man ist aber auch weniger spezifisch und wahrscheinlich nicht relevant genug mit dem Suchbegriff bzw. Titel. „Online-Marketing für Anfänger“ hingegen ist eine lange Wortgruppe (Longtail) mit einer sehr genauen Zielgruppe. Longtail Keywords sind also wesentlich spezifischer. „Marketing“ hat zwar ein höheres Suchvolumen (SV), dafür aber auch mehr Konkurrenz. Dies ist ein Balanceakt zwischen hohem Suchvolumen und möglichst geringer Konkurrenz. Mit Longtail-Suchbegriffen organisch auf Seite 1 in den Amazon Suchergebnissen zu erscheinen, ist meistens einfacher als mit kurzen Suchbegriffen. Laut Timothy Seward sind 70 % der Suchanfragen auf Amazon generisch und sehr allgemein, was bedeutet, dass die meisten Leser noch nicht genau wissen, was sie kaufen möchten (Seward, 2019, S. 40). Ein klarer Vorteil für Buchverkäufer.

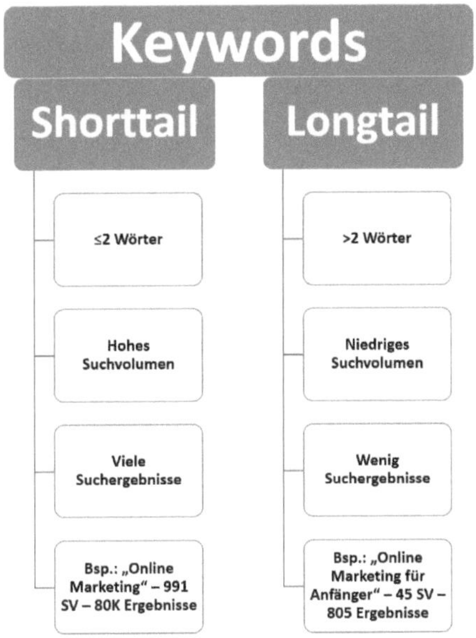

Abbildung 52: Longtail vs. Shorttail Keywords im Vergleich.

Nun werden verschiedene Möglichkeiten vorgestellt, Nischen zu finden. Nischen ohne Tools zu finden ist sehr schwer. Die folgenden Möglichkeiten werden vor allem mit dem Tool Helium 10 vorgestellt. Dort gibt es eine kostenlose Version, mit der man einige Taktiken gratis nachmachen kann. Es gibt aber auch viele andere Analysetools für Amazon. Eine Liste mit Tools plus Rabattcodes finden Sie am Ende dieses Buchs.

Für die Nischen-Recherche ist es ratsam, dass man eine ungefähre Richtung hat, in die es gehen soll. Gibt es ein Thema, für das man sich interessiert oder bei dem man die Qualität der Arbeit des Ghostwriters einschätzen kann, sollte man mit diesem Thema anfangen.

1. Möglichkeit: Verkaufsränge einsehen

Über die Verkaufsränge gibt es bereits ein Kapitel. Die Verkaufsränge geben ziemlich schnell einen guten Einblick in die Profitabilität einer Nische. Denn jeder Bestseller-Rang sagt auch etwas über die Verkäufe in der Nische aus.

Wenn man im Bereich Non-Fiction veröffentlichen möchte, sollte man sich auf Taschenbücher bei der Nischen-Recherche fokussieren. Bei Romanen ist der Verkaufsrang von E-Books wichtiger. Über den Verkaufsrang kann man nun abschätzen, wie viel Tantiemen ein Buch abwerfen wird. Dazu gibt es einige kostenlose Tools:

https://www.junglescout.com/estimator/ &

https://amzscout.net/sales-estimator/

Abbildung 53: Verkäufe berechnen lassen.

Wie man sehen kann, führt ein Amazon Bestseller-Rang in der Kategorie „Bücher" von 20.000 zu ca. 57 Verkäufen im Monat. Mit diesem Wissen kann man eine Tabelle aufstellen, um einen groben Überblick über die Verkäufe und die Verkaufsränge zu bekommen.

Amazon Bestseller-Rang	Monatliche Verkäufe (geschätzt)
100.000	8
50.000	20
20.000	55

Amazon Bestseller-Rang	Monatliche Verkäufe (geschätzt)
10.000	90
5.000	130
2.500	180
1.000	285

In Kombination mit dem Druckkostenrechner kann man sogar den ungefähren Gewinn für die Verkaufsränge ermitteln. Jedes Buch hat aber unterschiedliche Druckkosten, weswegen man eine individuelle Aufstellung machen müsste. Jetzt muss man nur noch darauf achten, dass möglichst viele Bücher unter dem Keyword, für das man angezeigt werden möchte, einen möglichst tiefen (im Sinne von nah an 1) Verkaufsrang haben. Man sollte nicht nur ein Buch finden, was einen möglichst guten Verkaufsrang hat.

Es ist etwas mühsam, die Bestseller-Ränge in jedem Buch unter einem Suchbegriff manuell nachzuschauen, da man jedes Mal in die Produktinformationen auf der Produktdetailseite schauen muss. Als Unterstützung kann man sich beispielsweise der Helium 10 Chrome Extension bedienen, die die Verkaufsränge direkt in den Suchergebnissen anzeigen lässt.

Abbildung 54: Amazon BSR in den Suchergebnissen anzeigen lassen.

Wenn man die Verkaufsränge zu einem Thema durchsucht, sollte man auf die Verkaufsrang-Volatilität und die Einflussfaktoren auf den Verkaufsrang achten (siehe Kapitel „Verkaufsrang“).

2. Möglichkeit: Amazon Suchergebnisse filtern

Es gibt diverse Möglichkeiten, die Suchergebnisse bei Amazon nach interessanten Faktoren zu filtern. Eine Möglichkeit besteht darin, die Suchergebnisse bei einem Keyword nach Veröffentlichung innerhalb der „letzten 30 Tage“ oder „letzten 90 Tage“ zu filtern. In Kombination mit weiteren Filtern, wie z. B. Amazon-Prime, Preis, Sprache und Buchformat, kann man die Liste mit interessanten Büchern etwas eingrenzen.

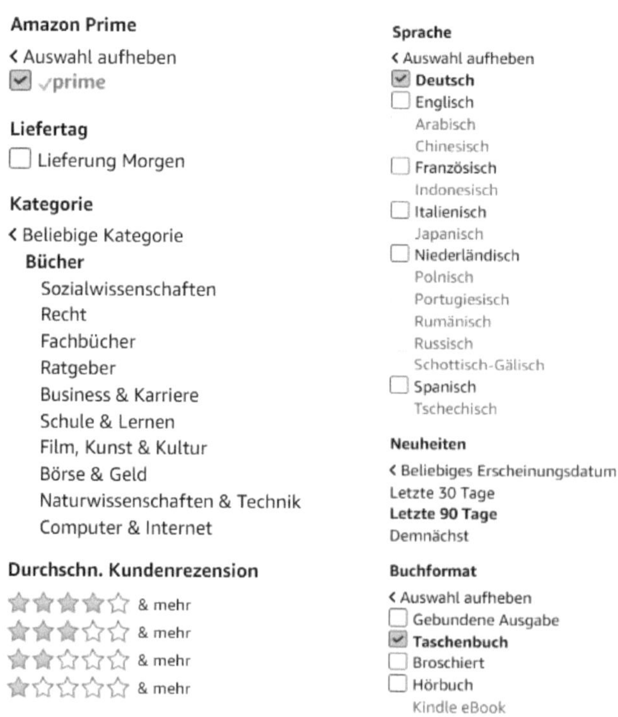

Abbildung 55: Filter in den Suchergebnissen nutzen.

Nun kann man sich wieder der kostenlosen Chrome Extension von Helium 10 bedienen und mehr über die Statistiken der einzelnen Bücher herausfinden. Man klickt einfach auf das Helium 10 Symbol und geht dann auf das Tool Xray.

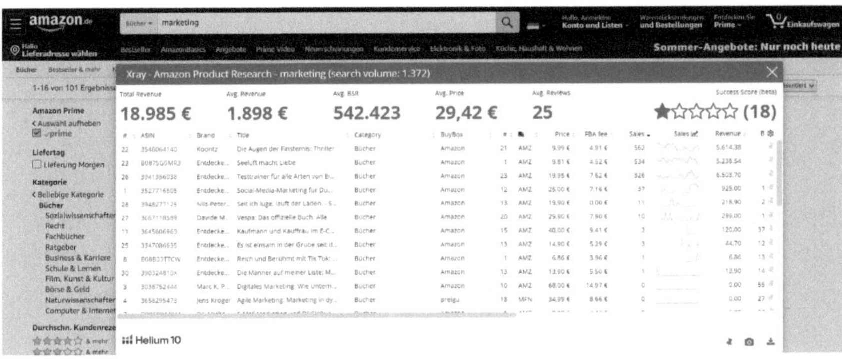

Abbildung 56: Xray für gefilterte Suchergebnisse.

Man hat somit eine Übersicht über die Bücher, die in den letzten 90 Tagen veröffentlicht wurden, und kann einige interessante Statistiken einsehen. Natürlich kann man auch eine Betrachtung ohne den 90-Tage-Zeitraum vornehmen. Dennoch ist es einfacher, gewisse Trends in einem kurzen Zeitraum zu erkennen als über 1-2 Jahre hinweg.

Hier kann man die Ergebnisse jetzt noch nach Verkäufen oder BSR sortieren und hat eine Liste an neuen Büchern, die sich gut verkauft haben. Jetzt geht es noch darum, zu kontrollieren, ob man wieder etwas am eigenen Buchlisting verbessern kann.

Um neue Bücher auf Amazon zu finden, die in letzter Zeit oft gekauft wurden, kann man sich auch der „Movers and Shakers"-Liste von Amazon bedienen. Amazon hat eine Liste mit Aufsteigern des Tages: https://www.amazon.de/gp/movers-and-shakers/books/. In dieser Liste befinden sich die größten Verkaufsgewinner der letzten 24 Stunden. Ein Blick darauf lohnt sich, um neue Ideen zu bekommen.

3. Möglichkeit: Google nutzen

Man kann auch abseits von Amazon nach Trends und Nischen suchen. Vor allem Google als größte Suchmaschine in Europa ist hierbei sehr hilfreich. Man kann Google Trends nutzen, um neue Ideen zu finden, oder auf den Keyword-Planer zurückgreifen, um das Suchvolumen und die Konkurrenz herauszufinden. Anders als Amazon ist Google aber eine reine Suchmaschine. Amazon ist ein Marktplatz. Deswegen sollte man die Ergebnisse nicht 1:1 übertragen. Nützlich sind sie dennoch.

Besonders spannend bei Google Trend sind die verwandten Themen und ähnlichen Suchergebnisse. Diese kann man nach „Top" (hohes Interesse) und „Zunehmend" (Trend) sortieren.

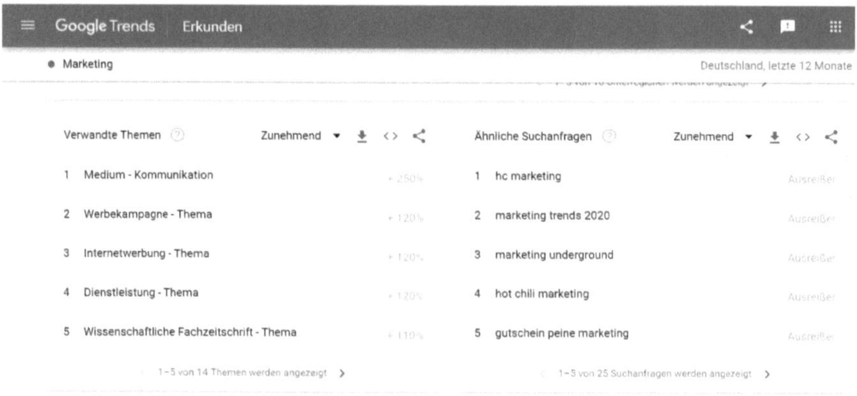

Abbildung 57: Google Trends nutzen.

Google Trends ist also vielseitig einsetzbar. Bei der „Zunehmend" und „Top" Sortierung kann man interessante Suchanfragen finden, für die es sich lohnen könnte, einen zweiten Blick in die Amazon Suchergebnisse zu werfen.

Der Keyword-Planer ist nur in Verbindung mit einem Advertising Account bei Google nutzbar. Man kann aber kostenlos einen Werbeaccount erstellen. Werbung muss man dafür nicht schalten. Zu finden ist der Keyword-Planer über Tools und Einstellungen > Planung > Keyword-Planer > neue Keywords entdecken.

Hier hat man die Möglichkeit, ein Keyword einzugeben. Der Keyword-Planer findet automatisch eine lange Liste mit relevanten, ähnlichen Suchanfragen.

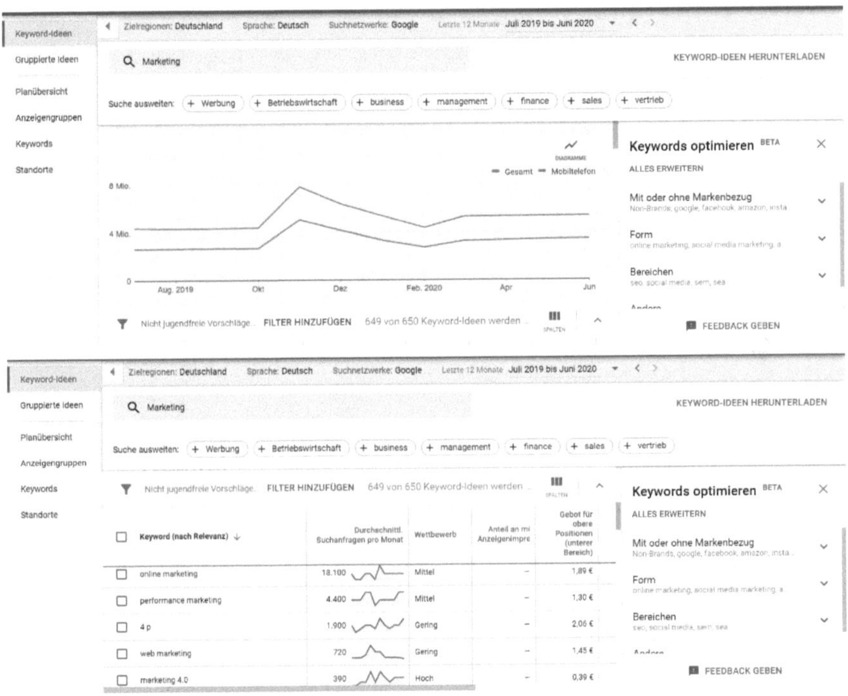

Abbildung 58: Google Keyword-Planer nutzen.

So kann man mit wenigen Klicks über 600 neue Suchanfragen für das Wort „Marketing" finden. Man findet sogar nützliche Statistiken zu den Suchanfragen mit Zeitverlauf und der Konkurrenz auf Google. Die Ergebnisse sollte man aber definitiv auf Amazon überprüfen, bevor man ein Buch in Auftrag gibt. Auch hier gilt wieder, wie bei allen Nischen-Tools, sich zu fragen, was man beim Produktlisting gegenüber den bereits bestehenden Büchern besser machen kann.

4. Möglichkeit: Helium 10 Magnet²

Über Magnet² von Helium 10 hat man die Möglichkeit, das Suchvolumen und die Wettbewerbsintensität für Suchbegriffe herauszufinden (https://www.helium10.com/tools/magnet/). Es gibt auch viele weitere nützliche Statistiken.

Interessant zur Nischenfindung sind die Filter und Sortierungen, die man vornehmen kann, um bessere Ergebnisse zu bekommen. Es folgt ein kurzer Überblick über die Benutzeroberfläche:

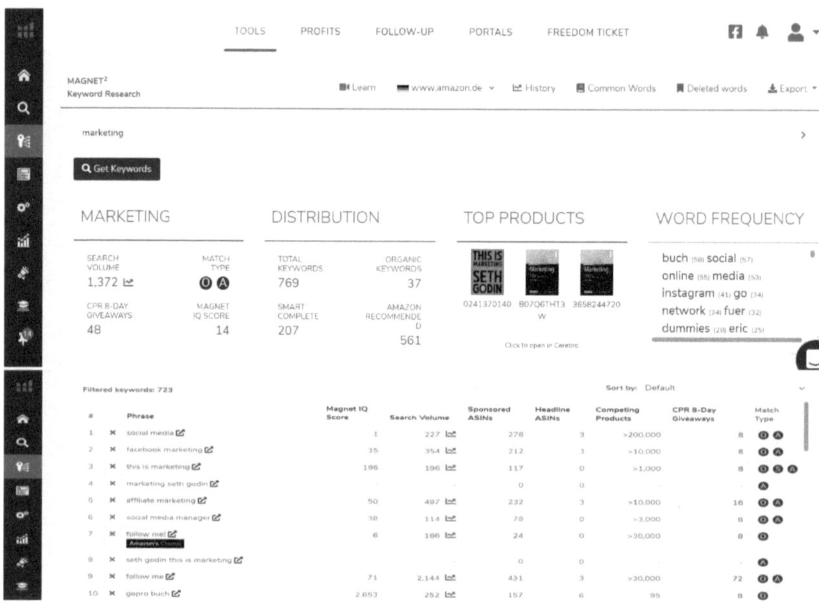

Abbildung 59: Helium 10 Benutzeroberfläche.

Wie man sehen kann, sucht das Tool relevante Suchbegriffe für das Wort „Marketing". Sei es Google, Helium 10 oder vergleichbare Tools – alle arbeiten auf ähnliche Weise, so dass sich die Vorgehensweise auch auf andere Tools übertragen lässt. Relevante Kennzahlen für Amazon KDP sind:

- Search Volume: Gibt an, wie oft ein Begriff im Monat gesucht wird. Das Suchvolumen steht dabei nicht für die Anzahl der Verkäufe.
- Competing Products: Gibt an, wie viele Konkurrenzprodukte auf Amazon zu diesem Suchbegriff gefunden wurden. Dies kann man einfach selbst auf Amazon überprüfen und schauen, wie viele Suchergebnisse angezeigt werden.
- Magnet IQ Score: Dies ist eine von Helium 10 entwickelte Wettbewerbskennzahl, die das Angebot und die Nachfrage miteinander verrechnet. Je höher diese Zahl, desto lukrativer ist eine Nische. Eine hohe Zahl sagt nämlich aus, dass der Suchbegriff oft nachgefragt wird, es aber nur wenige Suchergebnisse (Konkurrenz) gibt.
- CPR 8-Day Giveaways: Diese Zahl sagt aus, wie viele Verkäufe in 8 Tagen erzielt werden müssen, damit das Buch auf Seite 1 in den Suchergebnissen angezeigt wird. Mit dieser Kennzahl kann man auch gut abschätzen, wie schwierig es am Anfang ist, in einer Nische Fuß zu fassen.

Um sich schnell einen Überblick über die vielen Suchbegriffe zu verschaffen, sortiert man die Begriffe nach dem Magnet IQ Score. Wie bereits erwähnt: Je höher der Score, desto lukrativer ist eine Nische.

Filtered keywords: 723

Sort by: Magnet IQ Score High To Low

#		Phrase	Magnet IQ Score	Search Volume	Sponsored ASINs	Headline ASINs	Competing Products	CPR 8-Day Giveaways	Match Type
1	×	marketing kickbox	27,000	81	0	0	3	8	S
2	×	die 22 unumstosslichen gebote im marketing	21,000	84	0	0	4	8	S
3	×	gopro buch eric worre	20,500	41	0	0	2	8	A
4	×	network marketing basiswissen	18,143	127	0	0	7	8	S
5	×	fachberater network marketing	17,000	85	0	0	5	8	S
6	×	young generation network marketing	14,750	59	0	0	4	8	S
7	×	dmh sales & marketing gmbh	13,857	97	0	0	7	8	S
8	×	buch fachberater network marketing	13,667	82	0	0	6	8	S
9	×	network marketing basiswissen fachberater	9,400	94	0	0	10	8	S
10	×	the social network	9,249	1,637	81	2	177	40	A
11	×	marketing grundlagen marktorientierter	7,400	74	0	0	10	8	A

Abbildung 60: Sortierung Magnet IQ Score.

Für „Fachberater Network Marketing" gibt es beispielsweise nur 5 Konkurrenzprodukte, aber ein Suchvolumen von 85 Anfragen pro Monat (ca. 2,8 pro Tag). Das Suchvolumen gibt natürlich noch keine Auskunft darüber, wie viele Verkäufe wirklich stattfinden. Dazu muss man wieder in die Suchergebnisse auf Amazon gehen und sich die Konkurrenzbücher anschauen. 15 Ergebnisse für „Fachberater Network Marketing" wurden angezeigt. Anschließend muss man wieder die Verkaufsränge der Produkte betrachten.

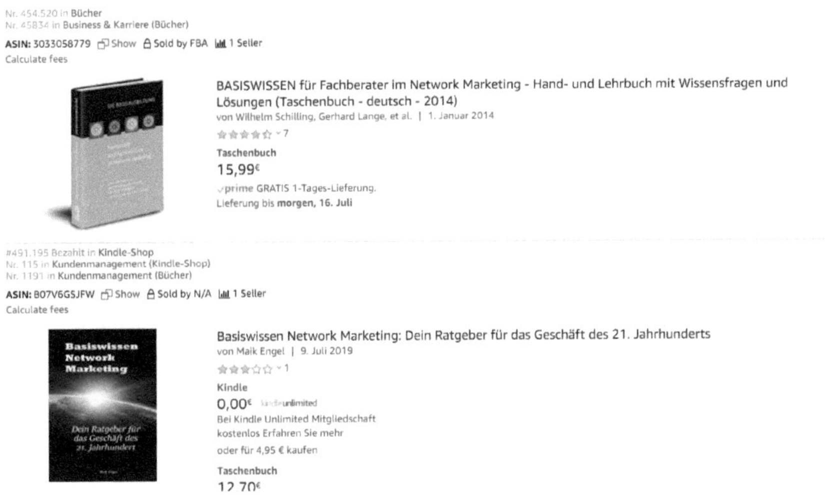

Abbildung 61: *Verkaufsränge der Suchergebnisse.*

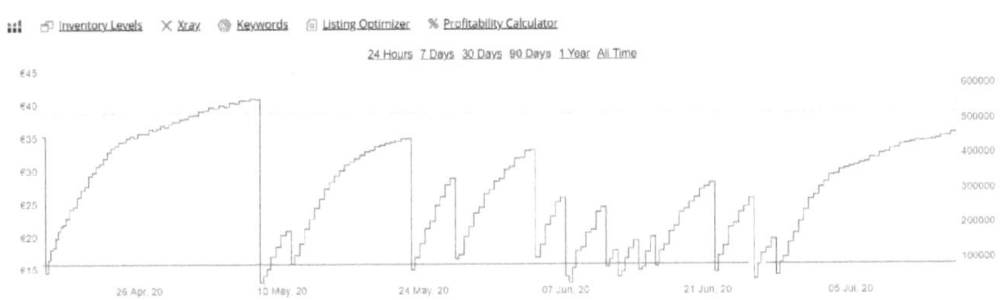

Abbildung 62: Verkaufsränge im Zeitverlauf betrachten.

Mit dem Xray Tool kann man sich jetzt noch automatisch die Verkäufe in einem gewissen Zeitraum anzeigen lassen, indem man auf Xray klickt. Am genauesten ist aber wieder das manuelle Vorgehen über einen Verkaufsrang-Schätzer (siehe 1. Möglichkeit). Ob eine Nische für jemanden interessant ist oder nicht, hängt von dem Gewinnziel ab. In der Nische „Fachberater Network Marketing“ kann man mit nur wenigen Verkäufen rechnen, dafür gibt es wenig Konkurrenz und es wird sehr einfach sein, auf der ersten Suchergebnisseite angezeigt zu werden.

Das anhand dieses Beispiels gezeigte Vorgehen führt man nun unzählige Male durch. Auf Amazon KDP erfolgreich zu sein, ist kein Kinderspiel, es ist Arbeit. Man vergleicht die Ergebnisse miteinander und sucht sich die für sich passende Nische aus (siehe auch: „Welche Nischen man nicht wählen sollte").

Eine weitere Möglichkeit, Magnet[2] zu nutzen, besteht darin, nicht nach konkreten Themen zu suchen, sondern nach Wörtern, wie z. B. Buch, Ratgeber, Lernen etc. Viele Kunden auf Amazon sind zu faul, um bestimmte Suchbegriffe mit einer Kategorie zu kombinieren und geben deswegen hinter dem Suchbegriff das Wort „Buch" oder „Bücher" ein.

Abbildung 63: Suchbegriffe könnte der Kunde direkt in „Bücher" suchen lassen.

Was man nun also macht, ist, nach dem Stichwort „Buch" zu suchen. In der Vollversion von Helium 10 kann man sich außerdem einiger Filter bedienen und somit nach Stichwörtern suchen, die das Wort „Buch" beinhalten.

Abbildung 64: Nach Wortgruppen suchen, die das Wort „Buch" beinhalten.

Man bekommt nun eine lange Liste (mehr als 6.500) Wortgruppen, die das Wort „Buch" beinhalten. Diese Liste kann man nach dem bewährten Vorgehen mit den Verkaufsrängen durcharbeiten.

5. Möglichkeit: Helium 10 Black Box

Helium 10 Black Box ist das eigentliche Tool, das entwickelt wurde, um neue Produktideen zu finden. Es gibt dabei fünf unterschiedliche Wege, um neue Ideen zu finden:

- Produkte finden
- Suchbegriffe finden
- Wettbewerb finden
- Nische finden
- Produkt-Targeting

Am vielversprechendsten sind die Funktionen „Produkte" und „Keywords" finden. Die Nutzeroberfläche ist ähnlich einfach zu verstehen wie bei den anderen Tools. Die Kennzahlen bleiben gleich.

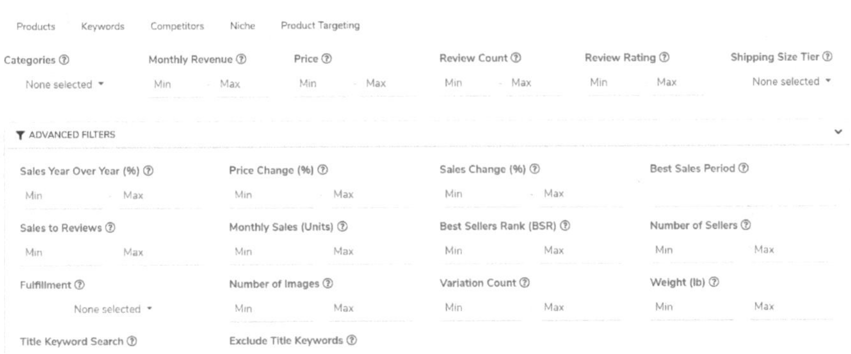

Abbildung 65: Black Box Benutzeroberfläche.

Die wichtigsten Einstellungen sind:

- Categories: Hier kann man die Kategorie auswählen. Man sollte „Bücher" auswählen.

- Review Count und Rating: Hier kann man einstellen, wie viele Sterne und Bewertungen die angezeigten Bücher haben sollen.
- Monthly Sales: Wie viele Verkäufe ein Buch erzielt hat.
- BSR: Der Amazon Verkaufsrang kann hier eingestellt werden. Er ist etwas genauer als die „Monthly Sales". Aus dem Verkaufsrang kann man, wie bereits oft erwähnt, manuell selbst die Verkäufe berechnen.
- Number of Images: Wie viele Bilder das Konkurrenzbuch auf der Produktdetailseite besitzt.
- Number of Sellers: Wie viele Verkäufe es von dem Buch gibt.

Das Ziel der Nischen-Recherche ist es, Bücher bzw. Themen zu finden, die hauptsächlich von Amazon KDP-Büchern abgedeckt werden. Es ist sehr schwer, Verlagsbücher zu verdrängen. Verlage haben ganz andere Marketing-Möglichkeiten als ein independent Publisher. Um möglichst viele Bücher angezeigt zu bekommen, die mit Amazon KDP veröffentlicht wurden, kann man sich eines einfachen Tricks bedienen. Man stellt (in der Vollversion) bei „Number of Images" 2 und bei „Number of Seller" 1 (manchmal auch 2) ein.

Der Grund ist folgender: Amazon KDP-Bücher haben immer zwei Bilder (Vorder- und Rückseite) und werden oftmals nur von einem Verkäufer verkauft (1), nämlich Amazon (es gibt auch Ausnahmen). Durch diese Filter kann man sich nun hauptsächlich Amazon KDP-Bücher anzeigen lassen.

Die weiteren Kriterien dienen dazu, die Suchergebnisse weiter einzuschränken. So kann man sich alle Amazon KDP-Bücher anzeigen lassen, die bestimmte Bewertungen, Verkäufe etc. erfüllen. Hierbei sollte man verschiedene Filter ausprobieren. Die Filter sind größtenteils selbsterklärend. Mit

Klick auf die Filter erscheint auch eine Erklärung von Helium 10.

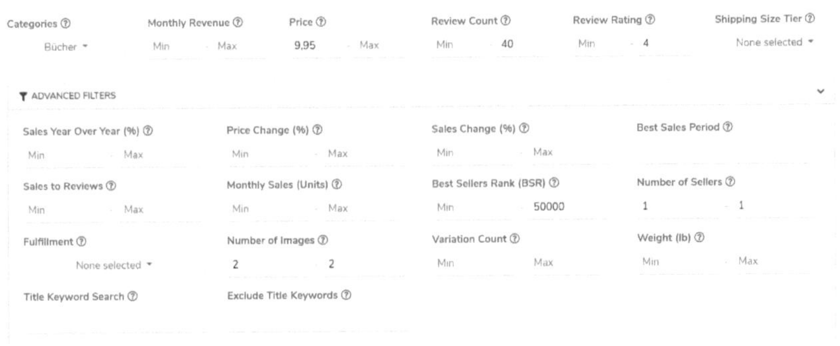

Abbildung 66: Black Box empfohlene Filtereinstellungen.

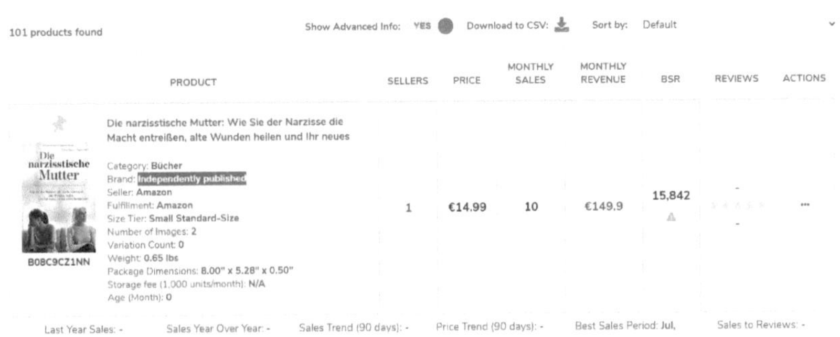

Abbildung 67: Suchergebnisse mit Black Box.

Hier hat man die Möglichkeit, 100 Bücher zu analysieren, die bereits veröffentlicht wurden und die Filterkriterien erfüllen. Wie bereits erwähnt, sollte man etwas an den Filtern herumspielen und sich überlegen, welche Kennzahlen ein interessantes Konkurrenzprodukt haben sollte. Wie immer gilt: Man sollte die Möglichkeit haben, etwas besser zu machen als die Konkurrenz. Sei es mit mehr Bewertungen, einem günstigeren Preis oder einem besseren Cover.

Einen Punkt im Produktlisting muss man verbessern, damit man relevanter ist als das bisherige Buch. Auf welche Verbesserung man sich fokussiert, liegt bei jedem selbst.

Die Vor- und Nachteile wurden bereits besprochen (siehe „Produktlisting“).

Bei der Suche nach Suchbegriffen mit Black Box gibt es sehr ähnliche Einstellungen. Das Dashboard ändert sich kaum.

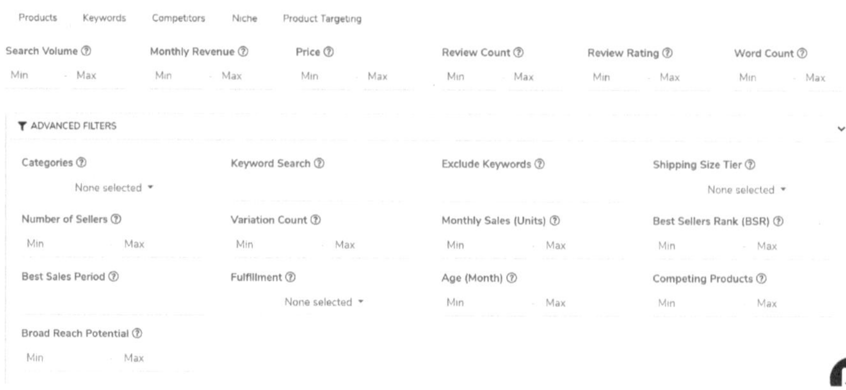

Abbildung 68: Black Box Dashboard – Teil 2.

Über das Fragezeichensymbol kann man mehr Informationen zu den Kennzahlen erhalten, weswegen hier nicht weiter auf die unterschiedlichen Filter eingegangen wird. Besonders interessante Filter sind „Age“, „Competing Products“, „BSR“, „Bewertungen“ und „Preise“.

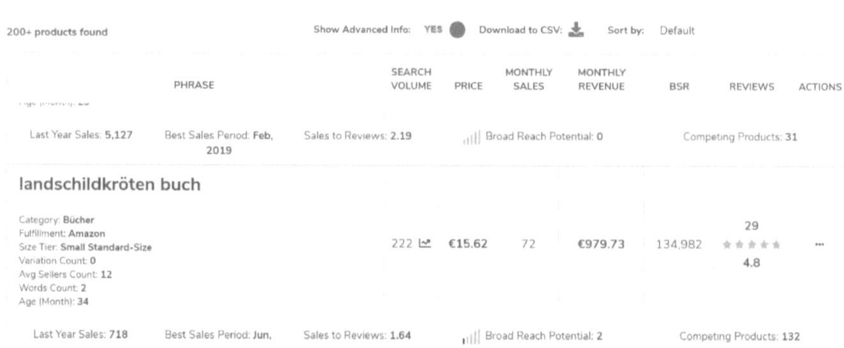

Abbildung 69: Ergebnisse von Black Box Keywordsuche.

6. Möglichkeit: Helium 10 Cerebro

Wenn man beispielsweise über Google oder Black Box ein interessantes Produkt gefunden hat, kann man mit Cerebro von Helium 10 die Konkurrenzbücher tiefgehend analysieren. Über Eingabe der ASIN kann man die Keyword-Daten zu jedem Buch abrufen, das man analysieren möchte. Über die Chrome Extension kann man auch direkt auf der Produktdetailseite über den Button „keywords“ im Helium 10 Anzeigefenster zu diesem Tool gelangen.

Abbildung 70: Helium 10 Cerebro.

Filtered keywords: 367 Sort by: Default

#		Phrase	Cerebro IQ Score	Search Volume	Sponsored ASINs	Competing Products	CPR 8-Day Giveaways	Match Type	Amazon Recommended Rank	Sponsored Rank	Organic Rank
1	×	marketing buch	6	174	147	>30,000	8	A S O	4	32	3
2	×	marketing für dummies	52	311	218	>6,000	8	S O	-	3	5
3	×	marketing management	2	222	238	>100,000	8	A S O	9	15	8
4	×	meffert marketing	988	159	36	161	8	S O	-	2	24
5	×	online marketing b2b	488	374	129	767	8	S O	-	17	30
6	×	content marketing	28	256	249	>9,000	8	A S O	23	56	58
7	×	online marketing buch	12	117	82	>10,000	8	O	-	-	65
8	×	think content	346	272	182	786	8	A S O	30	67	77
9	×	go pro book	186	186	196	>1,000	8	A O	78	-	78

Abbildung 71: Ergebnisse von Cerebro.

Cerebro zeigt ganz genau an, für welche Keywords ein Konkurrenzbuch rankt (angezeigt wird). Hierbei ist besonders der „Organic Rank“ und der „Amazon Recommended Rank“ interessant. Ein organischer Rang von 3 ist beispielsweise sehr gut und das Buch wird somit auf Seite 1 der Suchergebnisse angezeigt. Viele Kunden auf Amazon lassen sich die Suchergebnisse nach „Amazon präsentiert“ anzeigen. Das ist die voreingestellte Anzeige auf Amazon, und sie führt dazu, dass die Bücher nach ihrem organischen und/oder Amazon Recommended Rang angezeigt werden. Die Bücher mit einem guten Recommended Rang werden also der Mehrzahl der Leser angezeigt.

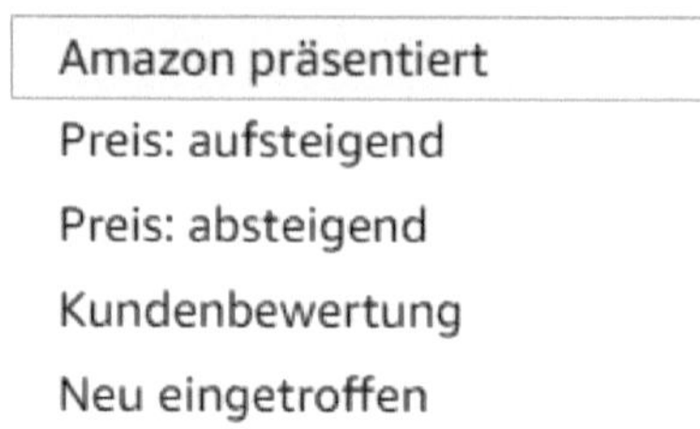

Abbildung 72: „Sortiert nach“.

Auch bei Cerebro kann man wieder Filter einbauen und die Ergebnisse nach verschiedenen Kriterien sortieren. Hier kann man beispielsweise wieder eine Sortierung nach Cerebro IQ Score (Wettbewerbskennzahl) vornehmen oder nach dem organischen Rang sortieren lassen, um zu sehen, wo überall das Konkurrenzbuch gut (Seite 1) platziert ist.

Ob ein Produkt auf Seite 1 platziert ist, kann man ganz einfach herausfinden, indem man sich die Suchergebnisse anschaut. Man entfernt einfach die Bücher, die durch Werbeanzeigen angezeigt werden und addiert die übrig gebliebenen Bücher. Dann kommt man auf ca. 17 organische Suchergebnisse von insgesamt 22 Suchergebnissen (mit Werbeanzeigen), die auf Seite 1 der Suchergebnisseite angezeigt werden. Das Ziel jedes Publishers sollte es sein, unter den Top 22 Büchern auf Seite 1 angezeigt zu werden, sei es organisch oder durch Werbung. Am besten sind natürlich zwei Platzierungen für die relevanten Keywords, einmal organisch und einmal als Werbeanzeige.

7. Möglichkeiten: Neugierig sein

Abseits aller Tools hilft es natürlich, ein gewisses Interesse an Alltagsthemen zu entwickeln. Man kann einfach mal eine Buchhandlung besuchen und schauen, welche Themen dort gerade angesagt sind. Außerdem kann man durch einen Blick in die Zeitung ein Gefühl für die aktuelle Nachrichtenlage bekommen, woraus sich auch interessante Themen ableiten lassen. Am besten sind natürlich die Nischen, die vorher noch niemand entdeckt hat. Nur solche Nischen wird man mit diversen Tools nicht finden, da diese ja nur die Vergangenheit betrachten. Man sollte also einfach Augen und Ohren offen halten für aktuelle Themen. Im Restaurant beispielsweise einfach mal schauen, welche Ernährungstrends gerade in sind.

Welche Nischen man nicht auswählen sollte

Einige Kriterien sollten erfüllt sein, damit es Sinn macht, zu einem Thema ein Buch zu veröffentlichen. Wie bereits gesagt muss man sein eigenes Alleinstellungsmerkmal finden und einen Wettbewerbsvorteil herausarbeiten (Fries & Bruns, 2019, S. 75). Man kann die folgende Liste als Checkliste ansehen, mit Punkten, die erfüllt sein sollten, damit sich die Buchveröffentlichung lohnen kann:

Verkaufsränge: Viele Bücher in der Nische sollten einen guten Verkaufsrang besitzen. Ein guter Verkaufsrang ist zielabhängig. Je nachdem, wie viel Geld man verdienen möchte, muss man unterschiedliche Verkaufsränge finden (siehe Kapitel „Verkaufsrang").

Externes Marketing beachten: Man sollte sich immer fragen, ob alle Verkäufe wirklich nur über Amazon stattfinden. Ist der Autor des Buchs vielleicht ein YouTuber oder hat eine große Social Media Reichweite, kann das der Grund für die Verkäufe sein. Ich bewerbe meine Bücher passiv auf YouTube in der Buchbeschreibung. Wer denkt, dass Marketingmanagement und Konsumentenpsychologie Themen sind, die einfach zu kopieren sind, der sollte nicht vergessen, dass einige Zuschauer auf YouTube auch das passende Buch auf Amazon kaufen.

Auch Google kann eine entscheidende Rolle spielen. Viele Leser, die sich noch nicht für ein bestimmtes Thema oder Buch entschieden haben, könnten direkt über Google auf das Konkurrenzprodukt aufmerksam geworden sein. Angeblich sind es noch 25 % der Impressionen auf Amazon, die auf Google ihren Ursprung haben (Kelm, 2019, S. 118).

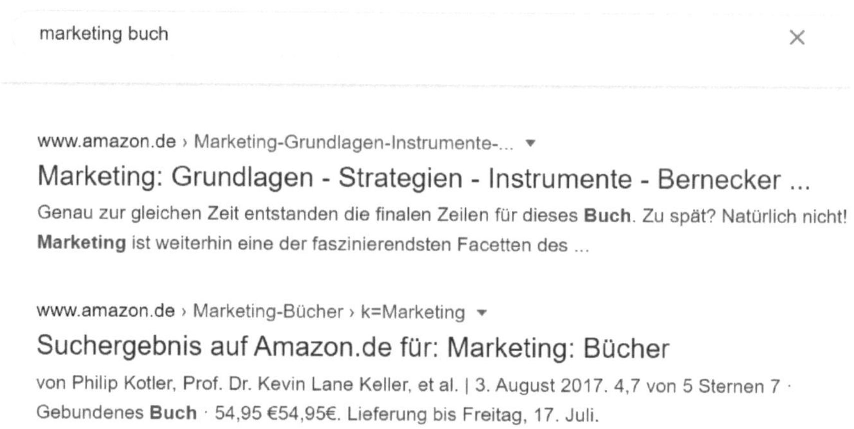

Abbildung 73: Google Suchergebnisse für „Marketing Buch".

Bei dem obigen Suchergebnis in Google kommt man direkt zu einer Produktdetailseite auf Amazon. Dies könnte den Anschein erwecken, dass einzig und allein Amazon für den Traffic (die Impressionen) des Buchs zuständig ist, obwohl Google daran beteiligt war.

Organische Reichweite auf Amazon: Eine Reichweite auf Amazon kann man nicht nur durch die Suchergebnisse aufbauen. Auch organische Anzeigen, wie z. B. „Kunden kauften auch" oder „Wird oft zusammen gekauft", können dazu dienen, die Reichweite auf Amazon zu verbessern.

Abbildung 74: „Wird oft zusammen gekauft“.

Auch eine professionelle Autorenseite kann dazu beitragen, dass die Verkäufe nicht nur über die Suchergebnisse auf Amazon zustande kommen. Vielleicht zieht ein sehr gutes Buch eines Autors die anderen Bücher von ihm nur mit, ohne dass die anderen Bücher eines genaueren Blickes wert sind.

<u>Verbesserungsmöglichkeiten Produktlisting:</u> Wenn man die Konkurrenz-produkte analysiert hat, muss man die Möglichkeit haben, an der eigenen Veröffentlichung etwas besser zu machen. Gibt es bereits ein sehr günstiges und qualitativ hochwertiges Buch, wird es schwer, dem Kunden den zusätzlichen Mehrwert des neuen Buchs zu vermitteln.

- Was kann man noch verbessern?
- Kann man das Cover schöner machen?
- Wie viele Bewertungen hat die Konkurrenz?
- Kann man genauso viele sammeln oder vielleicht sogar mehr?
- Gibt es Konkurrenzbücher, die schlechte Bewertungen haben?

Auf diese Fragen sollte man einige Antworten parat haben, bevor man in eine neue Thematik einsteigt. Ab 10 Bewertungen kann man ein Buch bereits erfolgreich am Markt platzieren. Auch Faktoren wie die bereits angesprochene Volatilität spielen eine Rolle. Vielleicht hat man nur ein Buch gefunden, was aufgrund der Saisonalität gut läuft.

Umsetzbarkeit: Es gibt viele spannende Themen, zu denen es sehr lohnenswert wäre, etwas zu veröffentlichen. Gerade bei Fachbüchern (Medizin, Chemie, Physik etc.) gibt es interessante Nischen. Man wird es aber sehr schwer haben, dort geeignete Ghostwriter zu finden und die Qualität des Buchs auf angemessenem Niveau zu halten. Man muss ein Gefühl dafür entwickeln, welche Themen umsetzbar sind und welche nicht. Umsetzbare Nischen sind beispielsweise Persönlichkeitsentwicklung, Lifestyle, Fitness, einige Finanzthemen oder Beziehungsratgeber.

Rechtssicherheit: Es gibt viele lukrativ erscheinende Suchbegriffe. Man muss darauf achten, dass diese Suchbegriffe nicht mit einem Eigennamen oder dem Namen des Autors verbunden sind. Es gibt auch Buchthemen oder Markenbeschreibungen, die markenrechtlich geschützt sind. Der Begriff „Thermomix®" darf nicht verwendet werden. Einen Markencheck sollte man vorab über Markencheck24. de durchführen. Man sollte auch zusätzlich kontrollieren, ob der Buchtitel nicht bereits durch einen Verlag verwendet wurde. Außerdem hilft es, etwas Grundwissen im Bereich Markenrecht und Urheberrecht aufzubauen.

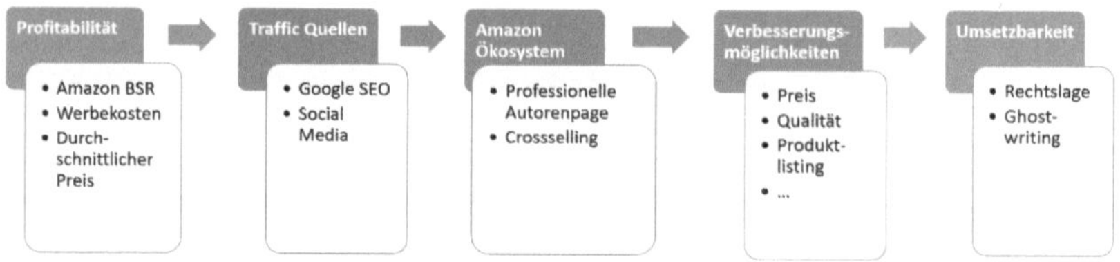

Abbildung 75: Wichtige Kriterien für die Nischen-Recherche.

Weitere Tipps zur Buchveröffentlichung

Wenn man ein Buchthema für die Veröffentlichung gefunden hat, schreibt man entweder das Buch selbst oder engagiert einen Ghostwriter dafür. Es gibt diverse Plattformen, um Ghostwriter zu finden:

- Fiverr
- Machdudas
- Textbroker
- Wirschreibendeinbuch
- Upwork
- Facebook-Gruppen
- Studenten anfragen

Bei all den Möglichkeiten sollte man darauf achten, dass der Ghostwriter Qualifikationen auf dem Gebiet vorweisen kann. Ein Preis von 0,02-0,04 € pro Wort ist schon sehr günstig, und man sollte ein Auge auf die Qualität und die Qualifikationen des Ghostwriters werfen. 15.000 Wörter bei einem normalen Taschenbuchformat sollten ungefähr für 125 Seiten reichen. Das ist natürlich abhängig von der Anzahl der Bilder und Formatierungen.

Ein Plagiatstest kann man relativ einfach im Internet durchführen. Plagscan.com bietet einen einfachen und relativ günstigen Service an, um die Arbeit auf Urheberrecht und Zitate zu überprüfen.

Bei Fiverr kann man nicht nur Ghostwriter finden, sondern alle möglichen Arbeiten outsourcen. Covergestaltung, E-Book-Erstellung, Übersetzungen oder Buchformatierungen – alles kein Problem. Möchte man skalieren und möglichst viele Ratgeber in kurzer Zeit veröffentlichen, kommt man nicht drum herum, Tätigkeiten an andere Personen abzugeben.

Wenn man mit seinem KDP-Business fortgeschritten ist, recherchiert man meistens nur noch die Nischen und schaltet die Werbung. Alle anderen Arbeiten kann man abgeben. Wenn man es genau nimmt, muss man bei diesem Geschäftsmodell eigentlich gar nicht selbst operativ tätig sein. Wenn man ein wichtiges Dokument von einem Ghostwriter unterschreiben lässt, sollte man für eine rechtssichere Unterschrift eine Onlinesoftware nutzen. Einige Beispiele sind eSignly, DocuSign, DigiSigner oder HelloSign (Empfehlung).

Promocodes oder Rabatte zu diversen Plattformen und Tools, die in diesem Buch vorgestellt wurden, finden sich im Anhang.

Amazon SEO

Suchmaschinenoptimierung auf Amazon bezeichnet Maßnahmen, die dazu dienen, dass Produkte im organischen Suchmaschinenranking auf vorderen Plätzen oder Seiten erscheinen bzw. dort erscheinen, wo Kunden ihre Kaufentscheidung treffen." (Kelm, 2019, S. 29)

Der Suchmaschinen-Algorithmus von Amazon „A9" versucht, relevante und profitable Produkte besser zu platzieren. Mit „besser" ist gemeint, dass ein Produkt im Optimalfall auf Platz 1 auf der ersten Suchergebnisseite von Amazon erscheint. Amazon ist wie viele Online-Plattformen eine „The winner takes it all"-Plattform. Die meisten Verkäufe erzielen die Bücher, die auf den ersten beiden Suchergebnisseiten angezeigt werden. Adam Wilkens schreibt, dass 70 % der Verkäufe auf Seite 1 und 20 % der Verkäufe auf Seite 2 stattfinden (Wilkens, 2018, S. 49).

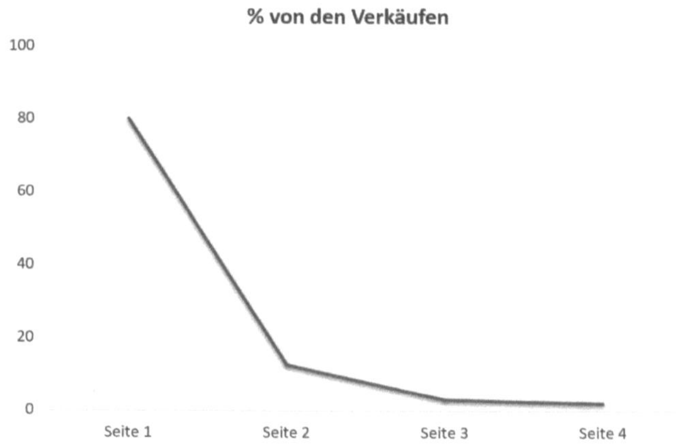

Abbildung 76: Beispiel Verlaufskurve der Verkäufe.

Jeder, der selbst schon etwas auf Amazon bestellt hat, hat wahrscheinlich bereits diese Erfahrung gemacht. Die wenigsten Leser werden sich die Bücher auf Seite 2 oder 3 anschauen. Diese Anzahl ist verschwindend gering. Deswegen ist es so wichtig, weit oben auf der ersten Seite der Suchergebnisse platziert zu sein. Es ist nicht möglich, genau zu bestimmen, wann ein Buch die Kriterien für den A9 Algorithmus erfüllt und wann nicht. Die Kriterien sind auch nicht einsehbar. Man kann nur von anderen Suchalgorithmen ableiten, wie der von Amazon funktionieren könnte. Was man aber ziemlich sicher sagen kann, ist, dass es einen Relevanz- und Performance-Faktor gibt.

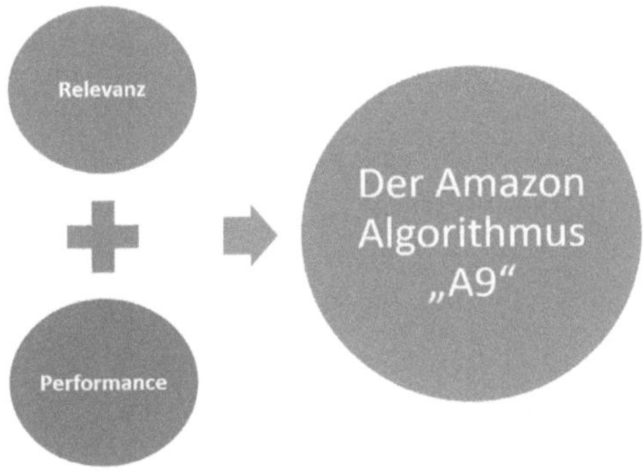

Abbildung 77: Relevanz und Performance sind entscheidende Faktoren für das SEO.

Die Relevanz

Wie relevant ein Buch für den Konsumenten ist, wird vor allem durch das Produktlisting bestimmt. Das komplette Buchlisting wurde bereits in einem Kapitel behandelt und beschäftigt sich mit folgenden Variablen: Buchtitel, Untertitel, Keyword-Boxen, Buchbeschreibung und Kategorien. Der Buchtitel ist dabei auch der wichtigste Faktor für ein organisches Ranking auf Amazon. Gibt der Kunde „Abnehmen für Faule“ ein und ein Buch hat genau diese Wortreihenfolge im Titel, ist die Wahrscheinlichkeit erhöht, dass das Buch auch organisch oben platziert ist. Durch Aufnahme der Wortgruppe in die Beschreibung und die Keyword-Boxen kann man die Relevanz für dieses Thema weiter erhöhen.

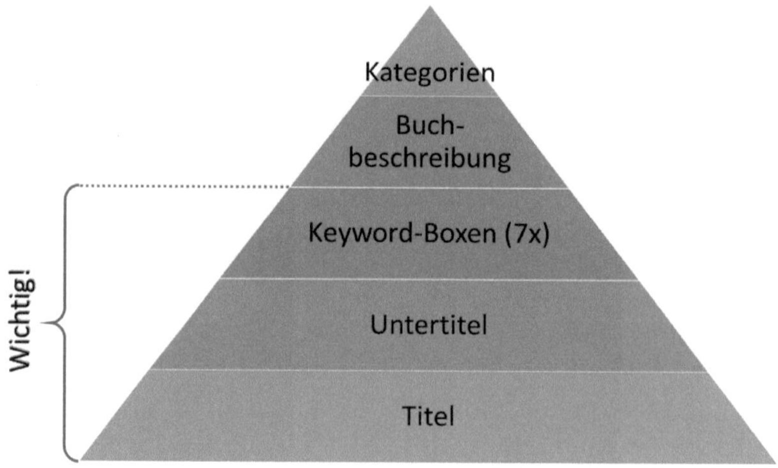

Abbildung 78: Die Relevanzfaktoren.

Wie man den passenden Titel und Untertitel wählt, wurde bereits ausführlich beschrieben. Passend zu diesem Thema sollte man sich auch das Kapitel über die Nischen-Recherche anschauen. Wenn man eine passende Thematik für das Buch gefunden hat, kann man diese Suchbegriffe aus der Nischen-Recherche direkt für den Buchtitel und die Keyword-Boxen verwenden. Der Titel und der Untertitel sind am wichtigsten für das Amazon SEO. Wenn es bisher nur wenige Bücher gibt, die bereits das Keyword im Titel haben, ist die Wahrscheinlichkeit groß, dass man selbst, wenn man das Keyword in den Titel aufnimmt, weit oben in den organischen Suchergebnissen angezeigt wird.

In Helium 10 gibt die Kennzahl „Headline ASINs“ Auskunft über die Anzahl der Produkte, die das Keyword im Titel tragen. Man kann es aber auch selbst nochmal recherchieren, indem man den Suchbegriff auf Amazon sucht.

Filtered keywords: 3.414

Sort by: Default

#		Phrase	Magnet IQ Score	Search Volume	Sponsored ASINs	Headline ASINs	Competing Products	CPR 8-Day Giveaways	Match Type
11	×	endlich schlank	130	130	186	2	>1.000	8	O A

Abbildung 79: „Headline ASINs" beachten.

Die Keyword-Boxen bieten eine gute Möglichkeit, für viele verschiedene Suchbegriffe angezeigt zu werden. Wenn man ein Taschenbuch und E-Book veröffentlicht, was immer empfohlen wird, da der Mehraufwand minimal ist, kann man 14 Suchbegriffe angeben, für die das Buch relevant ist. Die Funktionsweise der Keyword-Felder ist ganz einfach. Füllt man ein Keyword-Feld mit „Diät-Ratgeber für Faule" aus, so kann das Buch bei „Diät-Ratgber", „Diät-Ratgeber für Faule" und sogar „für Faule" angezeigt werden. Platzierungen mit Shorttail-Keywords benötigen oftmals länger als Longtail-Keywords (Kelm, 2019, S. 45). Deswegen empfiehlt es sich, am Anfang auf Longtail-Keywords für die Keyword-Boxen zu setzen. Wenn man das Ranking verbessert hat und bereits Verkäufe erzielt wurden, kann man nach und nach auf Shorttail-Keywords mit hohem Suchvolumen umsteigen. Ob sich das Ranking verbessert hat, sieht man durch eigenes Testen, indem man den Suchbegriff eingibt und nachschaut, wo das Buch auf Amazon angezeigt wird. Mehr zum Testen kommt gleich.

Um relevante Suchbegriffe für die Keyword-Boxen zu finden, kann man sich derselben Tools bedienen, die in den Kapiteln „Nischen finden" oder „Keywords für Amazon-Werbung finden" erklärt werden. Helium 10 Magnet^2 und Cerebro sind sehr gute Tools, um relevante Suchbegriffe zu finden.

Auf der einen Seite kann man die Suchbegriffe der Konkurrenz mit Cerebro anzeigen lassen, auf der anderen Seite kann man weitere relevante Keywords mit Magnet^2 herausfinden.

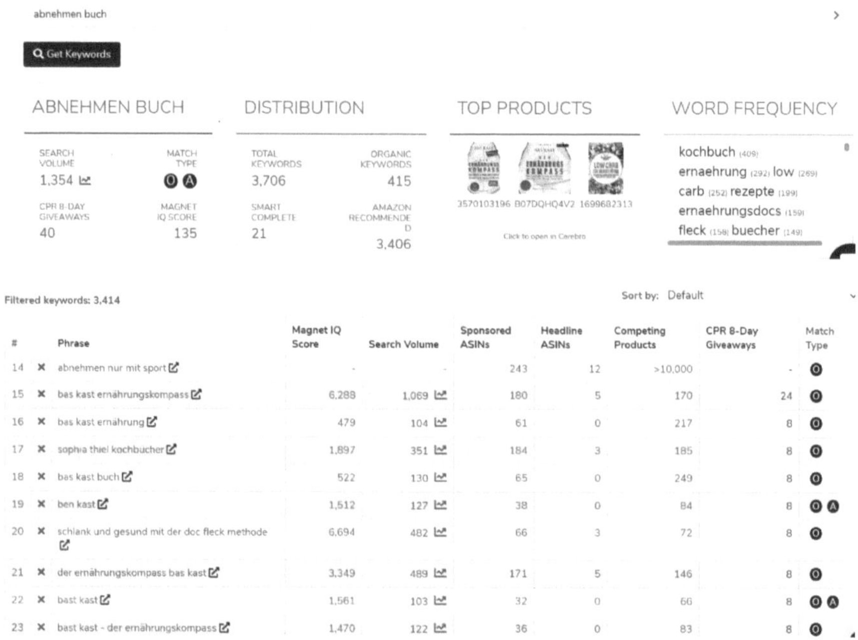

Abbildung 80: Relevante Suchbegriffe mit Magnet² finden.

Worauf man bei der Auswahl der Suchbegriffe achten sollte, erfährt man im Kapitel „Organisches vs. bezahltes Ranking“. Answerthepublic.com ist ein weiteres nützliches Tool, um relevante Suchbegriffe für die Keyword-Boxen zu finden.

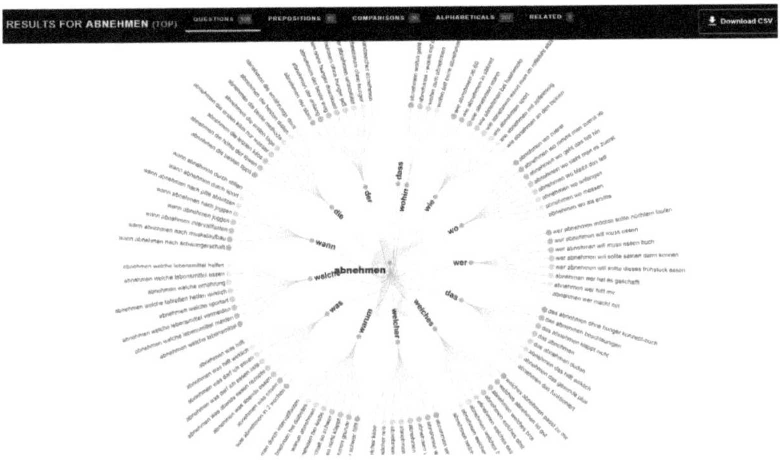

Abbildung 81: Wortgruppen mit Answerthepublic finden.

Dieses Tool eignet sich vor allem, um auf mögliche Fragestellungen des Kunden einzugehen. Diese Einwände (Fragen) könnte man auch in die Buchbeschreibung aufnehmen, um die Unsicherheit des potentiellen Käufers zu verringern.

Auch den bereits angesprochenen Google Keyword-Planer kann man hier wieder nutzen. Er schlägt alternative Suchbegriffe vor. Wenn man beispielsweise „Abnehmen“ eingibt, bekommt man eine lange Liste von Keywords.

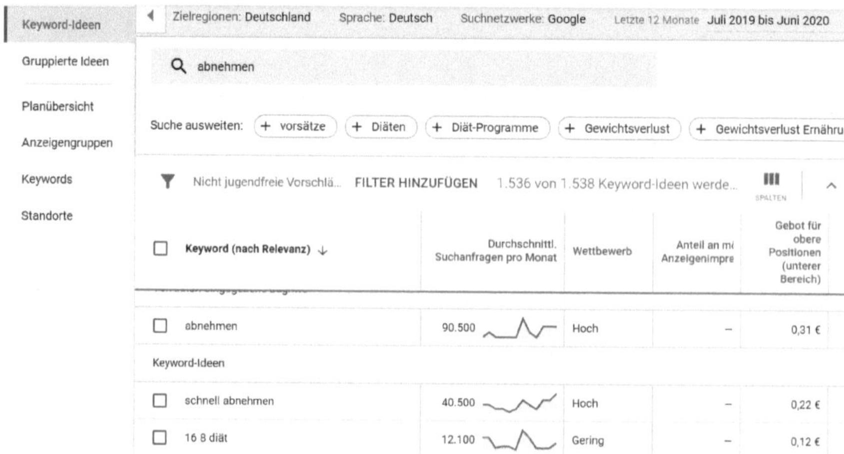

Abbildung 82: Google Keyword-Planer Suchbegriffe finden.

Man kann sogar eine Buchdetailseite auf Amazon nach Keywords durchsuchen lassen (Fries & Bruns, 2019, S. 138). So kann man im Keyword-Planer direkt Konkurrenzbücher durchleuchten lassen.

Abbildung 83: Google Keyword-Planer für die Konkurrenzanalyse.

Ein weiteres Tool, das noch nicht vorgestellt wurde, ist die Auto-Vervollständigung (Auto-Suggest) von Amazon. Angeblich nutzen bis zu 75 % der Nutzer auf Google die Vorschläge für Suchbegriffe (Kelm, 2019, S. 50). Das Verhalten wird auf Amazon kaum anders sein. Wenn man einen Suchbegriff bei Amazon eingibt, erscheinen automatisch nach ein paar Zeichen weitere Vorschläge, die die Kunden häufig eingeben. Es bietet sich an, bei der Kategorie „Bücher“ auszuwählen, um auch wirklich nur vorgeschlagene Suchbegriffe für Bücher zu bekommen. Ansonsten kann es passieren, dass bei dem Begriff „Abnehmen“ auch der Abnehmshake oder das Pulver zum Abnehmen vorgeschlagen wird.

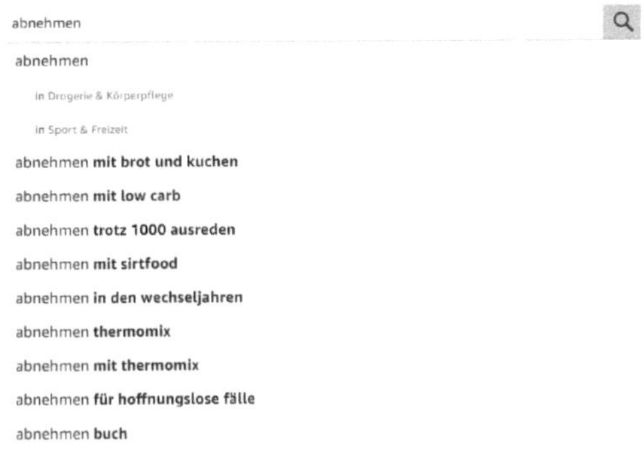

Abbildung 84: Amazon Auto Suggest Funktion.

Um dieses Vorgehen noch zu verbessern und mehr Suchbegriffe zu erhalten, kann man das Alphabet durchgehen. Man nimmt das Wort „Abnehmen“ und gibt danach „A-Z“ ein. Amazon vervollständigt nun relevante Suchanfragen zu „Abnehmen a“, „Abnehmen b“ und so weiter. Genauso, wie man Amazon Suggest verwendet, kann man diese Taktik auch auf Google übertragen.

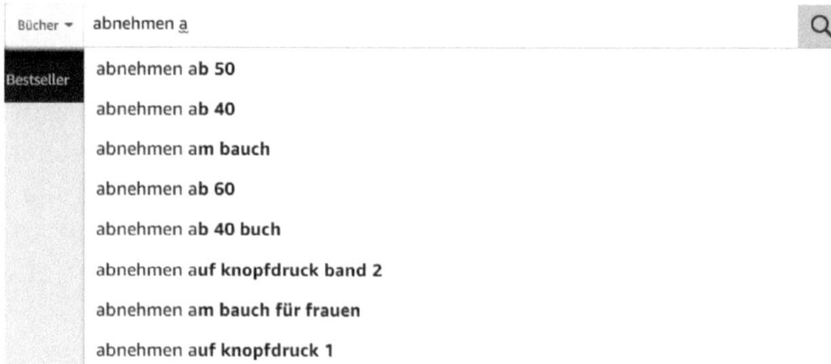

Abbildung 85: Amazon Auto Suggest verbessern.

Durch diese Methodik könnte man auch neue Nischen finden. „Abnehmen ab 50" hat eine sehr große Zielgruppe, und es könnte sich lohnen, ein Buch für diese Altersgruppe zu schreiben. Zumindest könnte man die Wortgruppe in die Keyword-Boxen aufnehmen. Um Platz zu sparen, sollte man übrigens die Zahlen hintereinander in die Keyword-Box aufnehmen. Der Amazon Algorithmus erkennt verschiedene Reihenfolgen. Man kann aber auch in jede Box die verschiedenen Altersgruppen separat aufnehmen, verschenkt dann aber unnötig Platz.

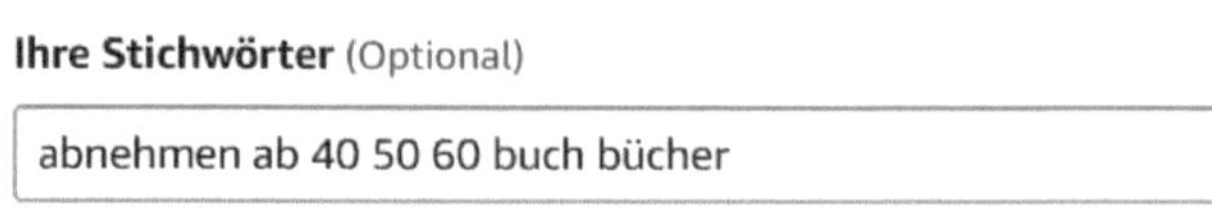

Abbildung 86: Vorschlag für Keyword-Box.

Die Verbesserung durch die Verwendung verschiedener Keyword-Felder, wie im Beispiel „Abnehmen ab 40 50 60 Buch Bücher", ist erfahrungsgemäß marginal. Wie bereits erwähnt, geht beim Amazon SEO alles über Ausprobieren. Man kann ein Keyword in die Box aufnehmen und dann selbst kontrollieren, ob das Buch nach der Aktualisierung organisch für diesen Suchbegriff angezeigt wird. Man sollte allerdings einen komplett neuen Internet-Browser verwenden und ein privates Fenster aktivieren. Man könnte auch bestehende Cookies, den Verlauf und den Cachespeicher löschen.

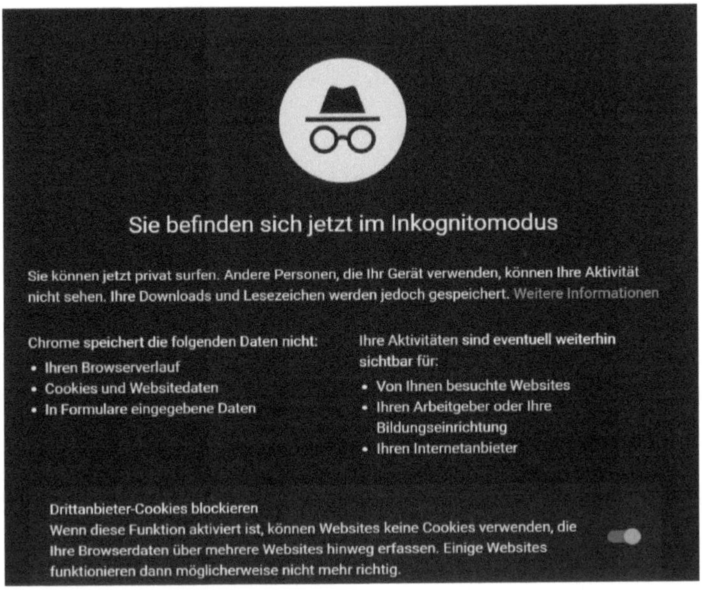

Abbildung 87: Privates Fenster zum Testen der Keywords verwenden.

Die Buchaktualisierung sollte nicht länger als 1-2 Tage dauern. Ist das Buch auf Seite 1 oder 2 mehrmals nicht zu sehen (eventuell unterschiedliche Browser oder anderen Computer/anderes Smartphone verwenden), sollte man das nicht funktionierende Keyword gegen ein anderes austauschen. Diesen Prozess kann man beliebig oft wiederholen. Wie gesagt hat man keinen Einblick in den Amazon Algorithmus. Manchmal kann es sein, dass man relevante Keywords mit wenig Konkurrenz ausgewählt hat und das Buch trotzdem nicht in den Suchergebnissen angezeigt wird. Hier ist man mehr oder weniger dem „A9" Algorithmus ausgeliefert.

Interessant zur Kontrolle ist die CPR 8-Day Giveaways Kennzahl von Helium 10. Die Zahl 8 bedeutet, dass man durchschnittlich 8 Verkäufe auf dem Keyword „endlich schlank" benötigt, um für das Keyword angezeigt zu werden.

Außerdem wird angezeigt, ob das Keyword überhaupt für das organische Ranking zulässig ist (Match Type=O). Die meisten Funktionen von Helium 10 sind kostenlos.

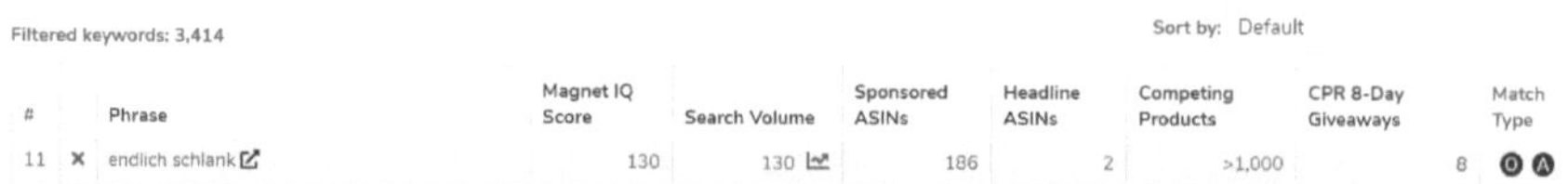

Filtered keywords: 3,414 Sort by: Default

#		Phrase	Magnet IQ Score	Search Volume	Sponsored ASINs	Headline ASINs	Competing Products	CPR 8-Day Giveaways	Match Type
11	×	endlich schlank	130	130	186	2	>1,000	8	O A

Abbildung 88: CPR 8-Day Giveaways.

Wenn man eine Bewertung von Freunden erhalten möchte oder das Buch über Social Media teilt, empfiehlt es sich, einen passenden Link zu erstellen, der das Keyword enthält, so dass Amazon erkennt, ob das Keyword eine Bestellung ausgelöst hat oder nicht. Auf der Produktdetailseite ist zu erkennen, welches Keyword den Kauf auslöst:

Nehmen wir den Webseitenlink etwas genauer unter die Lupe:

- *www.amazon.de/MaxMittelstaedt:* Autorenname
- */dp/17130990X:* ASIN des Buchs
- *Keywords=Marketing Grundlagen:* Was der Kunde bei Amazon gesucht hat, bevor er auf das Buch geklickt hat.
- *Id=159489770:* Welcher Nutzer die Suche ausgelöst hat. Wird bei jedem Klick neu vergeben.
- *Books&sprefix=marketing:* Das Buch gehört in die Kategorie Bücher.

Für Amazon ist also genau ersichtlich, welchen Suchbegriff der Kunde vor dem Buchkauf eingegeben hat. Gelangen viele Kunden immer wieder über dasselbe Keyword zu einem Buch und kaufen es auch, wird das Ranking, also die Platzierung in den Suchergebnissen, Stück für Stück verbessert. Vor allem für Keywords mit größerer Konkurrenz (>1.000 Suchergebnisse) kann es eine Zeit lang dauern, bis man weiter oben angezeigt wird. Außer man verschafft sich anderweitig Zugang zu Käufen über bestimmte Keywords.

Beispielsweise kann man den Buchlink an Freunde und Familie senden. Dabei sollte man darauf achten, dass man den Link nicht mit der persönlichen ID versendet. Sonst bekommt Amazon schnell mit, dass viele Verkäufe über eine einzelne ID stattfinden. Um Links zu erzeugen, die sicherer sind, kann man Helium 10 Gems benutzen: https://www.helium10.com/gems/. Dieses Tool ist kostenlos. Man hat mehrere Möglichkeiten, verschiedene Links zu erzeugen, die man dann beruhigt weiterleiten kann.

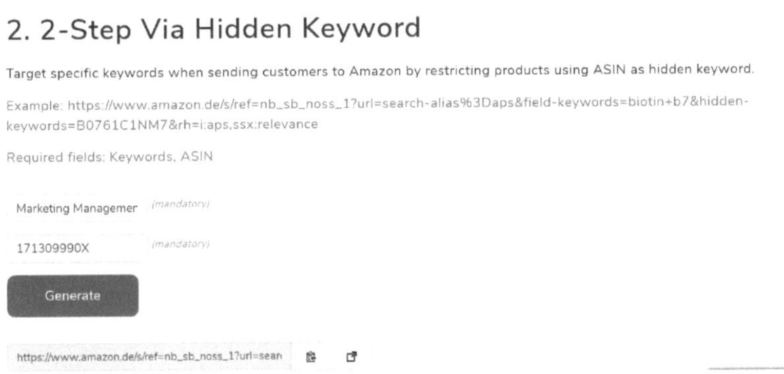

Abbildung 89: Helium 10 Gems.

Man kann auch die Titel und Untertitel der Konkurrenz näher untersuchen, um auf Suchbegriffe zu kommen. Tools, wie z. B. https://countwordsfree.com/, zählen automatisch die am häufigsten genannten Begriffe. Man kopiert einfach die Titel und Untertitel der Konkurrenz rein und schaut sich das Ergebnis an.

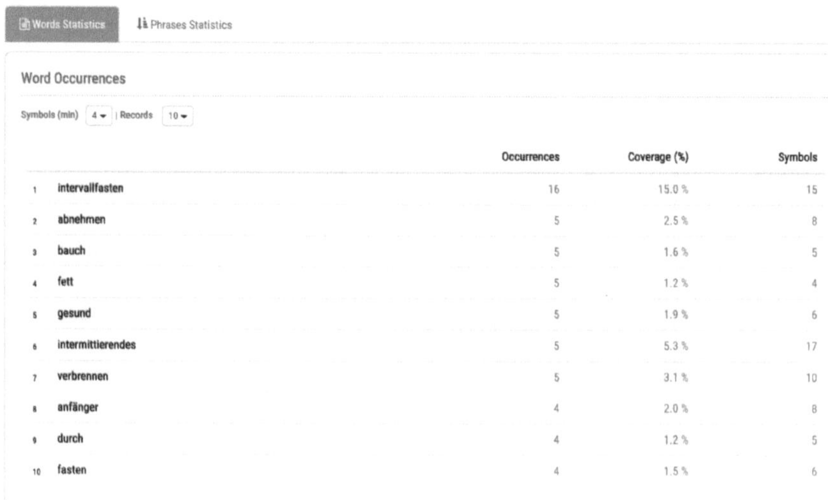

Words Statistics | Phrases Statistics

Word Occurrences

Symbols (min) 4 | Records 10

		Occurrences	Coverage (%)	Symbols
1	intervallfasten	16	15.0 %	15
2	abnehmen	5	2.5 %	8
3	bauch	5	1.6 %	5
4	fett	5	1.2 %	4
5	gesund	5	1.9 %	6
6	intermittierendes	5	5.3 %	17
7	verbrennen	5	3.1 %	10
8	anfänger	4	2.0 %	8
9	durch	4	1.2 %	5
10	fasten	4	1.5 %	6

Abbildung 90: Titel der Konkurrenz analysieren am Beispiel „Intervallfasten“.

Weitere bewährte Methoden, um Keywords zu finden, sind: (Amazon.com, Inc., 2020)

- Stichwörter in eine logische Anordnung bringen. Kunden suchen z. B. nach „Science Fiction Militär“ und nicht nach „Fiction Science Militär“.
- Man sollte auf die Zeichenbeschränkung achten und nur vollständige Wörter verwenden. Man hat Platz für 50 Zeichen pro Keyword-Feld.

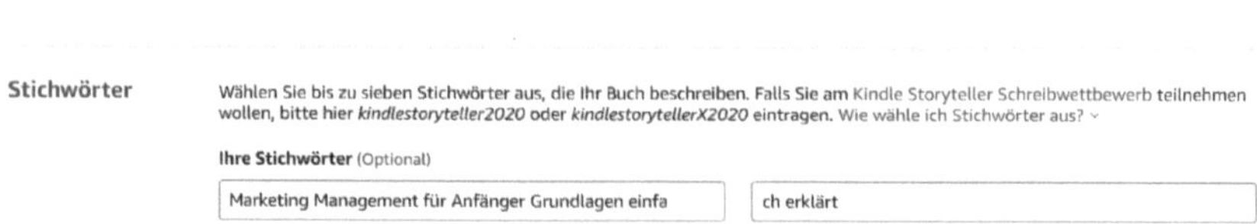

Abbildung 91: Nur vollständige Stichwörter verwenden (Negativbeispiel).

- Eine Zeile sollte ausreichend sein für eine Wortgruppe. Man sollte nicht in einer Keyword-Box anfangen und in der nächsten weiterschreiben. Jedes Feld wird von Amazon separat betrachtet.

- Man kann sich in die Lage des Kunden versetzen, um auf Keyword-Ideen zu kommen.
- Nützliche Stichworttypen für Romane sind: Umgebungen (Amerika), Figurtypen (alleinerziehende Mutter), Figurrollen (dominante männliche Führungskraft), Themen der Handlung (Eifersucht) und Stimmung der Handlung (Wohlfühlroman)
- Nützliche Stichworttypen für Sachbücher sind: Art des Buchs (Ratgeber/Buch), Zielgruppe (für Handwerker), Kenntnisstand des Lesers (für Anfänger/ Fortgeschrittene) oder Verben (Psychologie lernen, Psychologie verstehen)

Es gibt auch Suchbegriffe (für die Keyword-Boxen), die man vermeiden sollte: (Amazon.com, Inc., 2020)

- Subjektive Beschreibungen, wie z. B. „Bestes Buch aller Zeiten".
- Zeitbezogene Angaben, wie z. B. „Jetzt erhältlich, neue Auflage".
- Varianten von Pluralformen, wie z. B. „Buch" und „Bücher". (Erfahrungsgemäß macht es aber definitiv Sinn, beides aufzunehmen.)
- Amazon Produkte, wie z. B. Kindle Unlimited.
- Markennamen und Autorennamen.

Die Performance

Die Performance eines Buchs ist ein weiterer relevanter Faktor für die organische Sichtbarkeit auf Amazon. Man braucht sich nichts vormachen. Es ist schön, dass es die Möglichkeit gibt, mit Amazon KDP online Geld zu verdienen. Hauptsächlich möchte aber Amazon an dem Geschäftsmodell verdienen, und Amazon verdient dann, wenn es solche Bücher weit oben platziert, die eine hohe Wahrscheinlichkeit haben, sich gut zu verkaufen.

Hat ein Buch gute Verkaufszahlen erreicht, wird Amazon gewillt sein, es weiter oben in den Suchergebnissen zu platzieren. Der Amazon Algorithmus spielt immer wieder neue Szenarien durch und platziert auch mal komplett neue Bücher ohne Bewertungen auf Seite 1 der Suchergebnisse, um zu testen, ob das Bücher fähig ist, Verkäufe für Amazon zu erzielen. Immer wieder werden Bücher mit schlechten BSR und ohne Bewertungen bei Suchbegriffen mit hohem Suchvolumen platziert. Amazon testet so, ob es ein neues Buch schafft, Verkäufe zu generieren. Deswegen sollte das Produktlisting von Anfang an stimmig sein. Ein Mindset wie: „Ich möchte erst mal ein paar Verkäufe sehen und dann investiere ich in ein professionelles Cover" ist daher nicht zielführend.

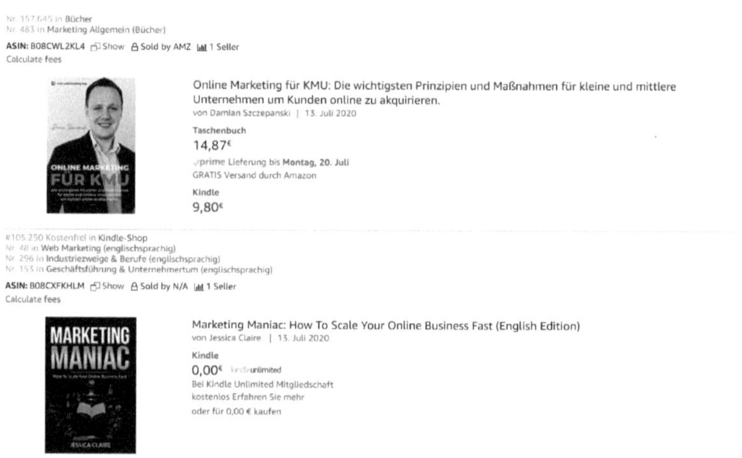

Abbildung 92: Amazon Algorithmus testet verschiedene neue Bücher unter dem Keyword „Marketing", das ein hohes Suchvolumen hat.

Man kann schätzen, dass von den organischen Suchergebnissen immer ca. 10-20 % nur wegen eines Tests von Amazon dort angezeigt werden. Es gibt einige Bücher, die wirklich dauerhaft weit oben platziert sind. Die meisten Bücher sieht man jedoch nur kurzzeitig auf Seite 1 platziert und danach nie wieder. Man muss sich langfristig durchsetzen, um auf Amazon erfolgreich zu sein.

Was möchte Amazon erfahrungsgemäß von einem Verkäufer sehen:

1. Das Buch sollte wenige Retouren haben. Wird ein Produkt oft zurückgesendet oder ein E-Book-Kauf häufig zurückerstattet, kann dies dazu führen, dass Amazon das Buch schlechter in den Suchergebnissen platziert, da die Kunden eine schlechte Kauferfahrung gemacht haben. Amazon sagt von sich selbst, dass es das kundenfreundlichste Unternehmen der Welt sein will. Das sollte man mit seinem Amazon Kindle-Business respektieren.

2. Die Konvertierungsrate des Buchs sollte hoch sein. Amazon verdient an Klicks und Reichweite keinen Cent. Was Amazon sehen möchte, ist, dass sich das Buch, das oben platziert ist, auch verkauft. Nur an einem Verkauf verdient Amazon. Es zählen also neben dem Klick auf die Buchdetailseite vor allem auch die wirklich erzielten Verkäufe. Mehr zur Conversion Rate findet man im Kapitel „Amazon Marketing".

3. Bewertungen sollten stimmig sein. Erkennt Amazon, dass es viele gute Bewertungen gibt, wird es dementsprechend das Buch auch besser platzieren, da es bereits zu positiven Kundenerfahrungen beigetragen hat.

Abbildung 93: Performance-Faktoren für das Amazon SEO.

Unterschied organisches vs. bezahltes Ranking

Bevor man mit Amazon Marketing anfängt, sollte man den Unterschied zwischen organischer und bezahlter Reichweite verstehen. Organische Reichweite ist etwas Langfristiges. Hier setzt man sich nur durch, wenn man Amazon zeigt, dass das Buch langfristig für bestimmte Keywords Verkäufe erzielt. Bezahlte Reichweite über Werbeanzeigen auf Amazon dient bestimmten Strategien. Entweder möchte man die Buchveröffentlichung voranbringen oder das Buch z. B. unter bestimmten Keywords platzieren, bei denen man nicht direkt eine gute organische Reichweite besitzt.

Auch die Kennzahlen der Keywords unterscheiden sich leicht zwischen organischer und bezahlter Reichweite. Bei der organischen Reichweite benutzt man zu Beginn Suchbegriffe, die wenig Konkurrenz haben. Es bringt nichts, die 14 Keyword-Boxen (Taschenbuch und E-Book) auszufüllen mit Keywords, die viel Suchvolumen, aber dementsprechend auch hohe Konkurrenz haben. Man wird hier wenig Chancen haben, direkt mit dem Buch angezeigt zu werden. Vielmehr wählt man bei den organischen Keyword-Boxen in den Buchdetails solche Suchbegriffe aus, die wenig Konkurrenz (<1.000 Suchergebnisse) haben. Hierbei sollte man also vor allem auf den Helium 10 Wettbewerbsscore achten.

Bei der bezahlten Werbung hingegen spielt der Wettbewerb nur eine untergeordnete Rolle. Hier bestimmt der Wettbewerb, wie viel man für einen Klick bezahlen muss. Es kann aber definitiv viel mehr Sinn machen, gleich zu Beginn Keywords zu wählen, die ein hohes Suchvolumen haben. Für alle Strategien und Grundlagen folgt nun das Kapitel „Amazon Marketing".

Amazon Marketing

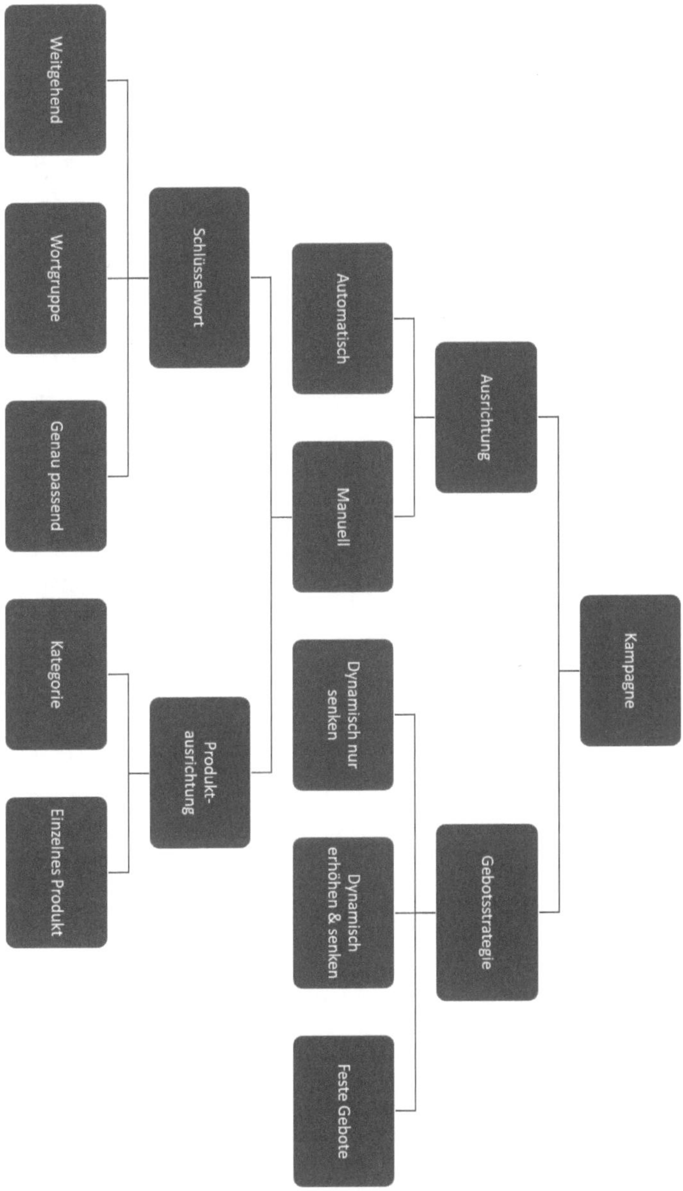

Abbildung 94: Übersicht Möglichkeiten Amazon Marketing, Quelle: vgl. (Seward, 2019, S. 149)

Wie bereits erwähnt, sollte man von Beginn an Amazon Werbung in seine Planungen einkalkulieren. Erfahrungsgemäß können die Werbeumsätze mehr als 50 % der gesamten Verkäufe ausmachen. Warum sollte man nun Amazon noch dafür bezahlen, Sichtbarkeit zu bekommen, wo Amazon bereits eine Gewinnbeteiligung bekommt? Die Antwort ist eine ganz einfache. Wenn man für mehr Sichtbarkeit bezahlen muss, ist das erst einmal nichts Positives. Wenn diese Sichtbarkeit aber zu mehr Gesamtgewinn führt als ohne Werbung, ist die Werbung ein hilfreiches Tool. Amazon Advertising hilft auch, ein noch besseres Gefühl für den Amazon Algorithmus zu bekommen und verschiedene Strategien durchzusetzen.

Einen Account bei Amazon Advertising anzulegen ist noch einfacher als bei Amazon KDP. Wenn man ein Buch bei Amazon KDP veröffentlicht hat, kann man über die drei Punkte im Dashboard auf den Button „Werbung schalten" klicken.

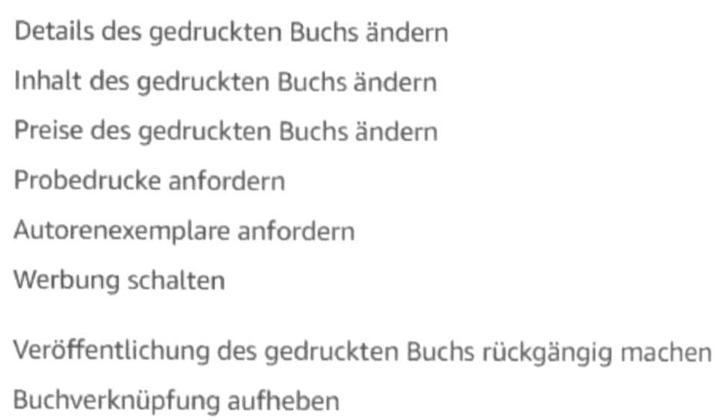

Abbildung 95: Werbung schalten.

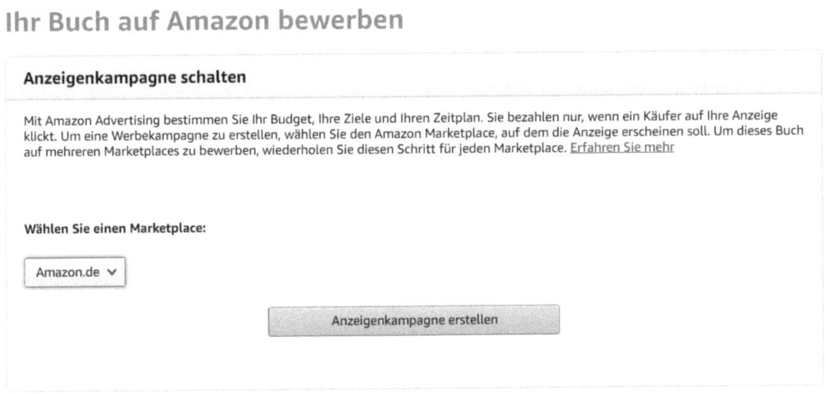

Abbildung 96: Buch auf Amazon bewerben.

Das Vorgehen ist bei Taschenbüchern und E-Books sehr ähnlich. Bei E-Books hat man noch weitere Werbemöglichkeiten, auf die später noch eingegangen wird. Die Anmeldung kann in Zukunft auch direkt über Advertising. amazon.de mit dem Amazon Account von KDP erfolgen.

Es müssen noch die Daten des Kontos angegeben werden, von dem die Werbekosten eingezogen werden sollen. Es bietet sich an, das Konto zu wählen, auf das man auch die Tantiemen erhalten möchte. Gibt man bei den persönlichen Daten keine Umsatzsteuer-ID an, muss man 19 % Steuern auf die Werbekosten zahlen. Eine Anmeldung bei Amazon Advertising ist aber auch ohne Umsatzsteuer möglich. Man hat nur eben einen Nachteil, da man mehr Kosten hat als die meiste Konkurrenz. Man sollte für Steuerthemen im Zusammenhang mit KDP einen Steuerberater aufsuchen.

Zu beachten gilt, dass die Amazon Advertising Kosten in dem Monat, in dem sie anfallen, vom Konto eingezogen werden. Die Amazon KDP Einnahmen werden aber immer mit Verzögerung von drei Monaten ausgezahlt. Man muss also zwei Monate Advertising Kosten vorfinanzieren, wenn man mit dem Business beginnt und direkt mit Amazon KDP und Amazon Marketing anfängt (wird empfohlen).

Werbung auf Amazon schaltet man, mit wenigen Ausnahmen, mit einem direkten Profitziel. Im Voraus kann man leider nicht genau sagen, was Werbung auf Amazon kosten wird. Ob man einen Werbeplatz (Buy Box) auf Amazon bekommt oder nicht, hängt von der Auktion ab. Bei der Auktion kämpfen alle in Frage kommenden Bieter um die Werbeplätze (Kelm, 2019, S. 239). Bei der Auktion spielt aber nicht nur der Preis eine Rolle, sondern auch die bekannten Faktoren wie z. B. Performance und Relevanz. Man kann der Höchstbietende sein – wenn das Buch für den Werbeplatz nicht relevant ist, wird es nicht angezeigt. Amazon Werbung kann man bereits für das erste Buch schalten. Man braucht kein Portfolio aus mehreren Büchern.

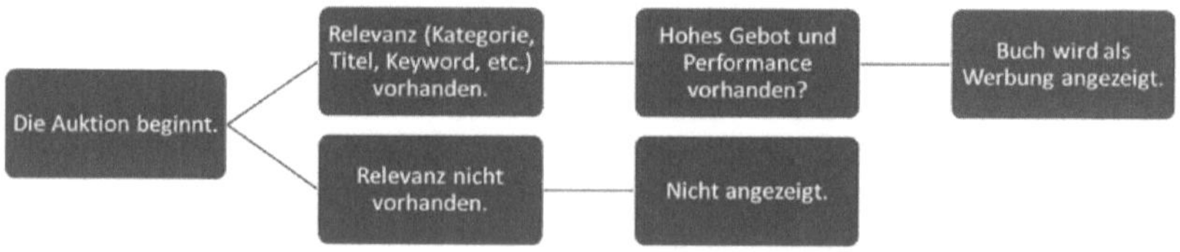

Abbildung 97: Auktionsablauf, Quelle: vgl. (Kelm, 2019, S. 239)

Für Amazon KDP sind nur die „Sponsored Product Ads“ von Interesse. Sponsored Products fördert die einzelnen Produkte, die man auf Amazon verkauft. Man kann dort auswählen, welches Buch man wie bewerben möchte, und einen Klickpreis festlegen.

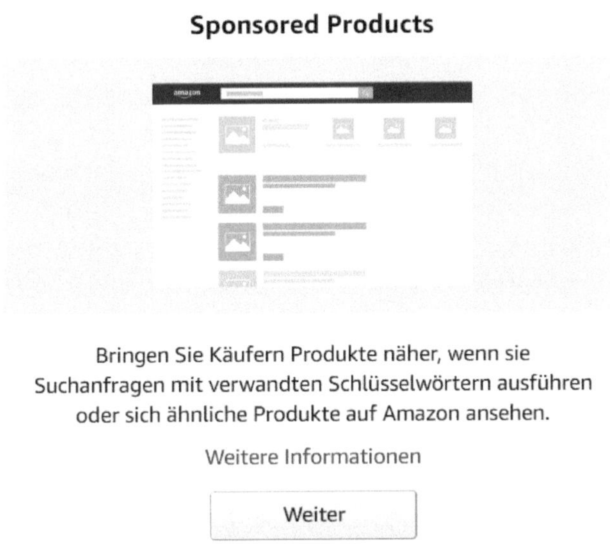

Abbildung 98: Auswahl des Kampagnentyps.

Außerdem gibt es die Möglichkeit, bei E-Books den Kindle Countdown Deal und die kostenlose Werbeaktion durchzuführen. Der Kindle Countdown Deal ist nur auf amazon.com und amazon.co.uk verfügbar. Bei Kindle Countdown Deals handelt es sich um eine Werbemöglichkeit von KDP Select, mit der man zeitlich begrenzte Rabattaktionen einrichten kann. Auf der Buchdetailseite sehen Kunden dann sowohl den regulären Preis als auch den Preis der Werbeaktion. Außerdem wird dort ein Countdown angezeigt, der angibt, wie lange das Buch noch zum Aktionspreis erhältlich ist.

Bei der kostenlosen Werbeaktion wird der Preis auf 0 € reduziert. Wenn das E-Book bei KDP Select angemeldet ist, kann man Lesern bis zu fünf Tage lang das E-Book kostenlos anbieten. Man kann auf jedem Kindle-Marktplatz, auf dem der in KDP Select angemeldete Titel zum Verkauf steht, eine Gratis-Werbeaktion durchführen. Die Gratisaktion kann jederzeit abgebrochen werden.

Die Gratisaktion hat einen Einfluss auf den Verkaufsrang. Die Amazon-Bestseller-Listen sind unterteilt in die Top 100 der zahlungspflichtigen und die Top 100 der kostenlosen Titel des Kindle-Shops. Während das Buch also in den Top 100 der kostenlosen Titel ist, sinkt der Rang unter den Top 100 der zahlungspflichtigen E-Books. Da beim Verkaufsrang allerdings sowohl frühere als auch die kürzlich erfolgten Verkäufe berücksichtigt werden, wirkt sich der vorherige Verkaufsrang in der Liste kostenpflichtiger E-Books auf den neuen Rang aus, wenn das E-Book wieder in der Kategorie kostenpflichtiger E-Books erscheint. Für die Buchveröffentlichung ist es also eine Überlegung wert, diese Werbeaktion zu verwenden, um schnell „Verkäufe" (ohne Tantiemen) und einen guten Verkaufsrang zu erzielen. Erfahrungsgemäß kommen sehr viele Verkäufe rein, da das Buch ja kostenlos ist. Der Kunde hat nichts zu verlieren. Man kann sich also beruhigt mit 1-2 Tagen Dauer an solche Aktionen heranwagen und den Erfolg überprüfen. Zu finden sind die E-Book-Werbeaktionen unter „Bücherregal > Aktionen für Kindle E-Book > Werbung schalten".

Abbildung 99: Preisaktionen für E-Books.

Als dritte, ähnliche Werbemöglichkeit gibt es den Kindle Deal. Für den Kindle Deal kann man sich aber nicht selbst anmelden. Man muss von Amazon ausgewählt werden und kann dann erst zustimmen. Der Kindle Deal ist eine zeitlich begrenzte Aktion. Über die E-Mail-Adresse, die man bei der Anmeldung bei KDP angegeben hat, erhält man eine Nachricht, wenn ein Buch für den Kindle Deal in Frage kommt. Dieses Angebot sollte man in der Regel annehmen, da das Buch dann auf diversen Seiten von Amazon beworben wird. Die erhöhten Verkäufe machen den zeitlich begrenzten und niedrigeren Preis in der Regel wett.

Guten Tag,

Ihr/Ihre unten gelisteten Titel ist/sind grundsaetzlich zur Teilnahme an einer Aktion geeignet. Wenn Sie fuer unser Marketingprogram beruecksichtigt werden wollen, koennen Sie hier Ihr Einverstaendnis dafuer erteilen.

Wichtig: Bitte beachten Sie, dass es sich hierbei lediglich um eine Vorselektion handelt, nicht um eine verbindliche Nominierung. Wenn Ihr eBook dann fuer einen unserer Deals selektiert wird, erhalten Sie eine E-Mail mit der Teilnahmebestaetigung.

Teilnahmebedingungen:

- Ihr Titel ist als eBook exklusiv auf Amazon erhaeltlich („Select").
- Sie sind mit einer Preisreduktion von -50% bei Monatsdeals,-50% bei Wochendeals oder -70% bei Tagesdeals einverstanden (basierend auf dem aktuellen Preis).
- Der/die oben erwaehnte/n Titel kann/koennen innerhalb der naechsten drei Monate in eines unserer Deal-Programme aufgenommen werden. Bitte beachten Sie, dass wir den Titel unter Beruecksichtigung des aktuellen Preises ausgewaehlt haben. Sollten Sie den Preis vor Beginn der Promotion aendern, koennen wir nicht garantieren, dass der Titel weiterhin im Programm bleibt. Ueber die tatsaechliche Aufnahme, die genaue Dauer und den Termin werden Sie mindestens sieben Tage vor Beginn des Programms informiert.
- Ihr eBook muss nach Ende des Programms noch fuer mindestens 90 weitere Tage im Kindle-Shop erhaeltlich sein, somit koennen Sie waehrend dieses Zeitraums weder die Veroeffentlichung des eBooks rueckgaengig machen noch bei KDP kuendigen. Ihr und/oder unser Recht, aus wichtigen Gruenden zu kuendigen, ist davon natuerlich ausgenommen.
- Die exakten Zeiten fuer den Beginn und das Ende des Programms sind lediglich Richtwerte. Es ist moeglich, dass es zu Verzoegerungen kuerzeren oder laengeren Ausmasses im System kommt.
- Wenn Sie der Teilnahme zustimmen, stellt dies eine verbindliche Vereinbarung zwischen Ihnen und Amazon EU Media S.a.r.l dar.
- Sofern der Inhalt nicht von dem dieser E-Mail abweicht, gelten die Allgemeinen Geschaeftsbedingungen des KDP Programmes fuer Ihr eBook und dieses Programm.

waehrend dieses Zeitraums weder die Veroeffentlichung des eBooks rueckgaengig machen noch bei KDP kuendigen. Ihr und/oder unser Recht, aus wichtigen Gruenden zu kuendigen, ist davon natuerlich ausgenommen.

- Die exakten Zeiten fuer den Beginn und das Ende des Programms sind lediglich Richtwerte. Es ist moeglich, dass es zu Verzoegerungen kuerzeren oder laengeren Ausmasses im System kommt.
- Wenn Sie der Teilnahme zustimmen, stellt dies eine verbindliche Vereinbarung zwischen Ihnen und Amazon EU Media S.a.r.l dar.
- Sofern der Inhalt nicht von dem dieser E-Mail abweicht, gelten die Allgemeinen Geschaeftsbedingungen des KDP Programmes fuer Ihr eBook und dieses Programm.
- Falls Sie einen anderen Verleger als sich selbst vertreten, bestaetigen Sie durch Ihre Zustimmung zur Teilnahme auch, dass Sie autorisiert sind, im Namen des Verlegers zuzustimmen.

Wenn Sie auf Grundlage der genannten Bedingungen an dem **Marketingprogram** teilnehmen moechten, **waehlen Sie bitte das Buch/die Buecher aus, das/die Sie dafuer registrieren moechten.**

Wenn Sie kein Interesse an einer Teilnahme haben, waehlen Sie bitte **"Ich moechte nicht teilnehmen"**.

Mit freundlichen Gruessen

Das Team von Kindle Direct Publishing

☑ Marketing Management: Die Grundlagen des Marketing... (ASIN: B0825GD8GX)

☐ **Ich möchte NICHT teilnehmen**

Bitte unterschreiben Sie elektronisch mit Ihrem vollen Namen:

Abbildung 100: Kindle Deal Benachrichtigung.

Warum man Werbung schalten sollte

Werbung ist nicht nur dafür da, Gewinne zu erzielen. Mit Amazon Advertising kann man auch das Amazon SEO verbessern. Amazon SEO und Advertising ergänzen sich sehr gut. Durch die Verkäufe mit Werbung verbessert sich nämlich auch der Verkaufsrang in Amazon, und somit gewinnt das Buch an organischer Reichweite. Über Keyword-Anzeigen (dazu gleich mehr) kann man sein Buch unter bestimmten Suchanfragen anzeigen lassen. Sollten diese bezahlten Suchanfragen auch in einen Kauf umgewandelt werden, wird Amazon bereit sein, das Buch für diese Suchbegriffe auch ohne Werbeanzeige besser zu platzieren. Durch diese bessere Platzierung kann man mehr Reichweite generieren und den Verkaufsrang immer weiter verbessern. Es ist also eine optimale Kettenreaktion. Man sollte Amazon Marketing als ein Investment sehen und nicht unbedingt nur, um mehr Verkäufe zu erzielen. An den erzielten Verkäufen arbeitet man nicht aktiv jeden Tag. Kampagnen muss man einmalig starten und kontrollieren. Die meiste Zeit aber laufen die Anzeigen passiv und generieren zeit- und ortsunabhängige Umsätze, ohne dass man noch aktiv arbeiten muss.

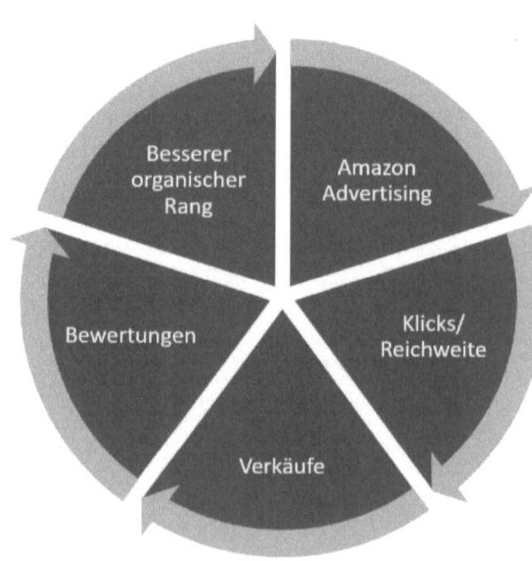

Abbildung 101: Das Amazon SEO und Advertising kombinieren. Quelle: vgl. (Seward, 2019, S. 38)

Werbemöglichkeiten für Amazon KDP

Mit der Keyword- und Produktausrichtung kann man bestimmen, wo genau die Werbeanzeige angezeigt wird. Zum einen kann man für ein bestimmtes Keyword in den Suchergebnissen als gesponserte Werbung angezeigt werden, zum anderen auf der Produktdetailseite von Büchern.

Bei der **Keywordausrichtung** bietet man also vor allem auf einen bestimmten Suchbegriff. Wenn es sich also bei dem Buch um einen Fitnessratgeber handelt, könnte man den Begriff „Fitness" verwenden, um mit dem Buch in der Suchanzeige bei „Fitness" angezeigt zu werden. Meistens sind beispielsweise die oberen Suchergebnisse gesponsert.

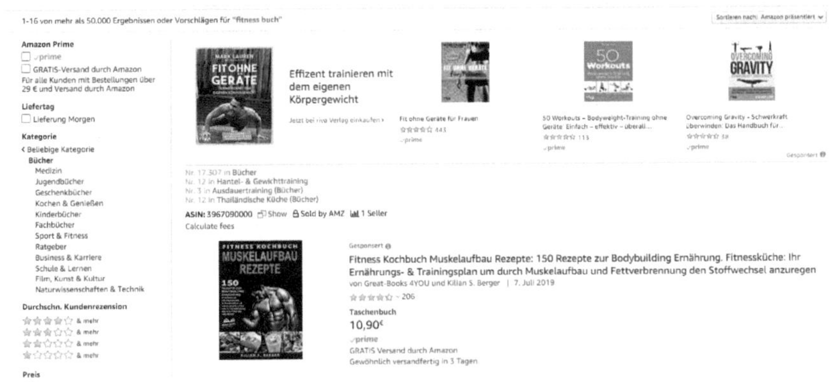

Abbildung 102: Gesponserte Werbeanzeigen mit Keywordausrichtung.

Für Amazon KDP ist die untere der beiden Werbeanzeigen aus dem Beispiel interessant. Jeder hat die Möglichkeit, dort eine Anzeige zu schalten. Die obere Anzeige mit den vier Büchern ist für professionelle Verlage vorbehalten.

Anzeigen auf Amazon erkennt man an dem kleinen „Gesponsert"-Symbol. Diese Symbole sind aber sehr unauffällig. Dem normalen Kunden wird gar nicht auffallen, dass das Buch ihm als Anzeige angezeigt wird. Darin liegt der große Vorteil von Amazon Advertising. Veröffentlicht man ein neues Buch zu einem Thema mit viel Konkurrenz, kann es passieren, dass das Buch erst auf Seite 4 oder 5 erscheint. Dort wird kein Leser nachschauen, um ein neues Buch zu kaufen. Wenn man allerdings eine Keywordanzeige schaltet, kann das Buch sofort auf Seite 1 mit einem kleinen Hinweis „Gesponsert“ angezeigt werden. Der Kunde wird allerdings kaum den Unterschied erkennen.

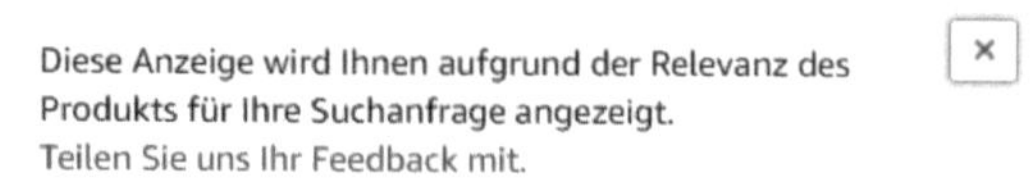

Abbildung 103: Gesponsert-Symbol.

Was viele nicht wissen, ist, dass die Keywordausrichtungen nicht nur für Suchbegriffe relevant sind. Auch für die Produktdetailseiten hat man die Möglichkeit, angezeigt zu werden. „Sponsored Products“ (Funktionieren nur mit Keywordausrichtungen) werden auf Suchergebnisseiten und Produktdetailseiten angezeigt, was zu mehr Verkäufen und Produktsichtbarkeit beitragen kann.“ (Antwort vom Amazon Advertising Support am 30.06.2020)

Abbildung 104: Keywordausrichtung auf der Produktdetailseite: „Wer sich selbst zur Marke machen möchte“.

Man sieht auf dem Bild eine Werbung eines anderen Autors, der auch Suchbegriffe, Titel oder Beschreibungen benutzt, die dem Buch, das der Kunde sich genauer anschauen möchte, ähnlich sind.

Die **Produktausrichtung** ermöglicht es, bestimmte Bücher oder Kategorien auszuwählen, die dem Buch ähnlich sind. Diese Strategie hilft dem Kunden, das Buch auf der Produktdetailseite zu finden. Man kann die Ausrichtung der Anzeige für einzelne Produkte oder ganze Kategorien vornehmen lassen.

Abbildung 105: Anzeigen mit Produktausrichtung auf der Detailseite.

Die Bücher unter „Buchempfehlungen für Sie", „Kunden lesen auch", „Kunden kauften auch" oder „Wird oft zusammen gekauft" sind von Amazon selbst generierte Anzeigen, für die man nicht bezahlen muss. Diese Anzeigen sind also organisch und werden als sogenannte „Kreuzverlinkungen" bezeichnet (Kelm, 2019, S. 251).

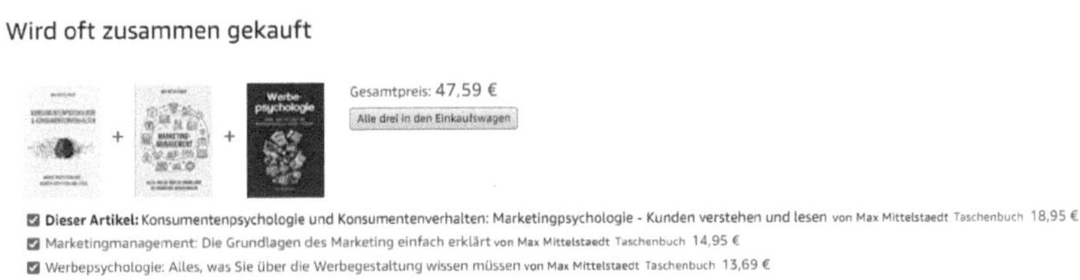

Abbildung 106: Organische Anzeigen auf der Produktdetailseite.

Bei der Produktausrichtung gibt es zwei verschiedene Möglichkeiten im Advertising Account. Zum einen gibt es die Registerkarte „Kategorien“ und zum anderen die Registerkarte „Produkte“. Bei den Kategorien kann man ganze Kategorien mit manchmal weit über 100 Büchern targetieren. Hat man ein Marketing-Buch, kann man es in der kompletten Kategorie „Marketing“ (>1.500 Bücher) anzeigen lassen. Nun kann das Buch auf der Detailseite von allen Marketingbüchern angezeigt werden.

Bei der Produktausrichtung kann man auch einzelne Produkte auswählen, die dem Produkt sehr ähnlich sind. Hierbei hat man die Möglichkeit, den stärksten Wettbewerb ganz gezielt zu targetieren.

Die Anzeigenerstellung

Bei der Anzeigenerstellung gibt es zwei große Gruppen an Einstellungen. Die Einstellungen, die die Kampagne betreffen, und die Einstellungen, die die Anzeigengruppe betreffen. Eine Kampagne ist immer das Übergeordnete und kann mehrere Anzeigengruppen enthalten. Die Einstellungen sind hierbei meistens viel allgemeiner. Man legt beispielsweise das Budget oder Datum der Kampagne fest. Das Portfolio ist zu Beginn nicht von Interesse. Hier können mehrere Kampagnen zusammengeführt werden.

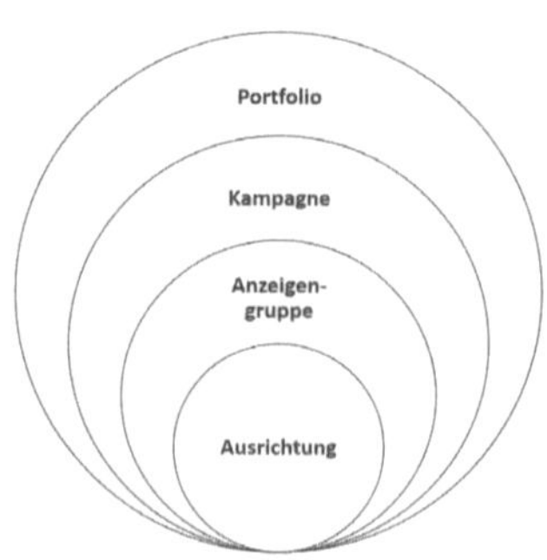

Abbildung 107: Hierarchie in Amazon Marketing.

Es bietet sich meistens nicht an, ein Enddatum in den Einstellungen festzulegen. Man kann die Anzeigen sowieso jederzeit ausschalten. Beim Tagesbudget sollten 5-10 € pro Tag für den Anfang ausreichend sein, um erste Erfahrungen und Daten zu sammeln. Bei der automatischen Ausrichtung übernimmt der Amazon Algorithmus die Platzierungen der Werbeanzeigen. Bei der manuellen Ausrichtung kann man zwischen der bereits angesprochenen Keyword- und Produktausrichtung wählen. Dazu gibt es gleich noch mehr Informationen.

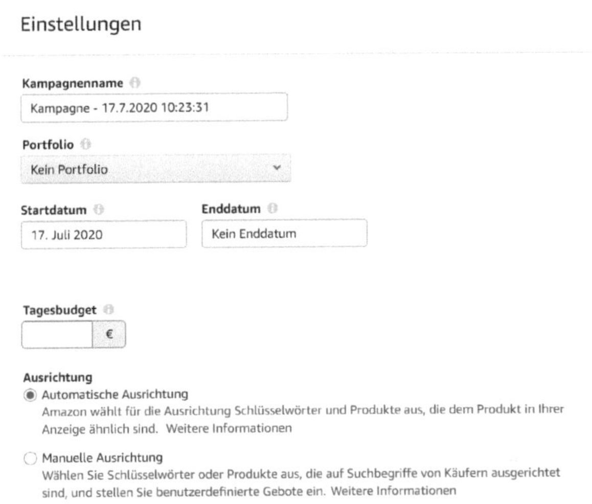

Abbildung 108: Kampagneneinstellungen in Amazon Marketing.

Die Kampagnenstruktur

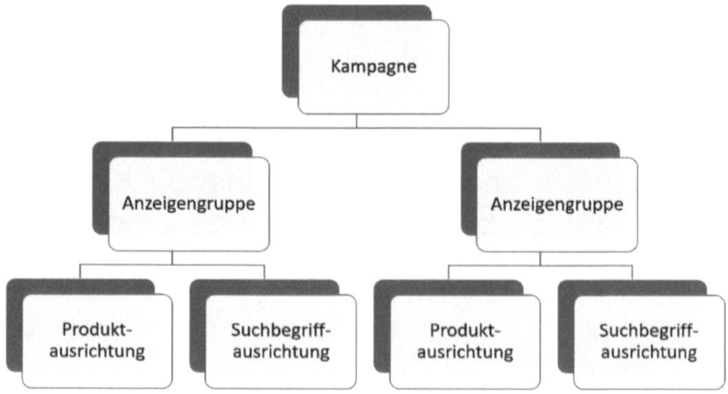

Abbildung 109: Kampagnen und Anzeigengruppe, Quelle: vgl. (Fries & Bruns, 2019, S. 229)

Für Beginner ist die Kampagnenstruktur und die Vergabe der Namen eine kleine Nebensache. Wenn man aber über die Zeit 10, 20 oder mehr Bücher veröffentlicht, kommt man ohne eine wohlüberlegte Kampagnenstruktur nicht mehr aus.

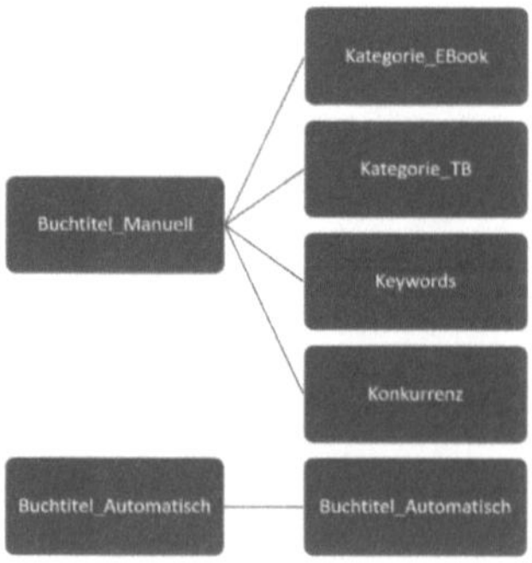

Abbildung 110: Kampagnen und Anzeigengruppen benennen.

Es handelt sich dabei nur um einen Vorschlag. Dieses Vorgehen hat sich aber erfahrungsgemäß bewährt. Für eine manuelle Ausrichtung sollte man also den Buchtitel und die Ausrichtungsart verwenden (z. B. „Abnehmen für Faule_Manuell"). Die Ausrichtungsart ist das einzige Kriterium, das die Kampagnen voneinander unterscheidet. Deswegen bietet es sich an, die Ausrichtung in den Namen aufzunehmen, um auf den ersten Blick zu erkennen, um welche Kampagne es sich handelt. Jedes Buch hat also schlussendlich zwei Kampagnen. Eine Kampagne, in der alle manuellen Anzeigengruppen zusammengefasst werden, und eine Kampagne für die automatische Ausrichtung.

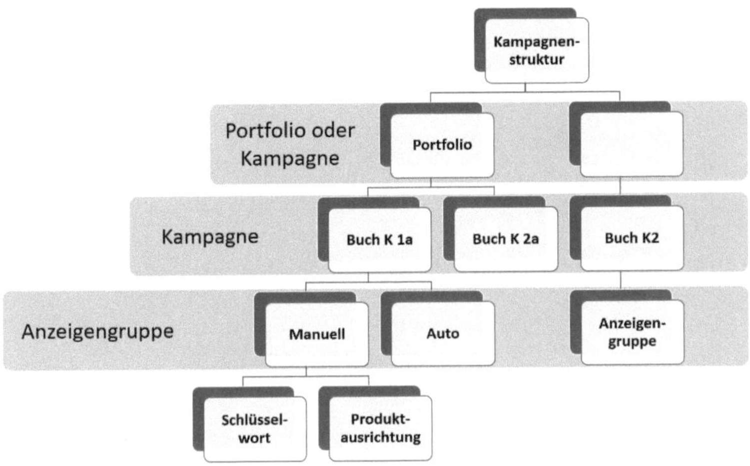

Abbildung 111: Portfolio- und Kampagnenstruktur.

Wenn man mehrere Bücher veröffentlicht hat, kann es Sinn machen, auch Portfolios zu erstellen. In Portfolios kann man mehrere Kampagnen und somit auch Anzeigengruppen zusammenfassen. In ein Portfolio sollte man thematisch zusammenhängende Bücher aufnehmen. Hat man also mehrere Ratgeber zum Thema „Abnehmen" veröffentlicht, kann man alle Abnehm-Ratgeber in ein Portfolio aufnehmen. Bücher aus derselben Kategorie (Buch K 1a und Buch K 2a) kann man also in ein Portfolio stecken.

Portfolios ermöglichen es also, Kampagnen zu gruppieren, die zu demselben Geschäftsbereich gehören. So erstellt man ein Portfolio:

1. Auf die Amazon Advertising Startseite im Dashboard gehen.
2. Unter „Alle Kampagnen“ auf „Ein Portfolio erstellen“ klicken.
3. Im Pop-up Fenster kann man den Namen des Portfolios angeben und das Portfolio speichern.
4. Nachdem ein Portfolio erstellt ist, kann man jederzeit Kampagnen hinzufügen oder wieder entfernen.

Abbildung 112: Portfolio erstellen.

Kampagnengebotsstrategie

Man kann aus drei Kampagnengebotsstrategien wählen. Die Auswahl, die hier getroffen wird, ist dann für alle Anzeigengruppen gültig.

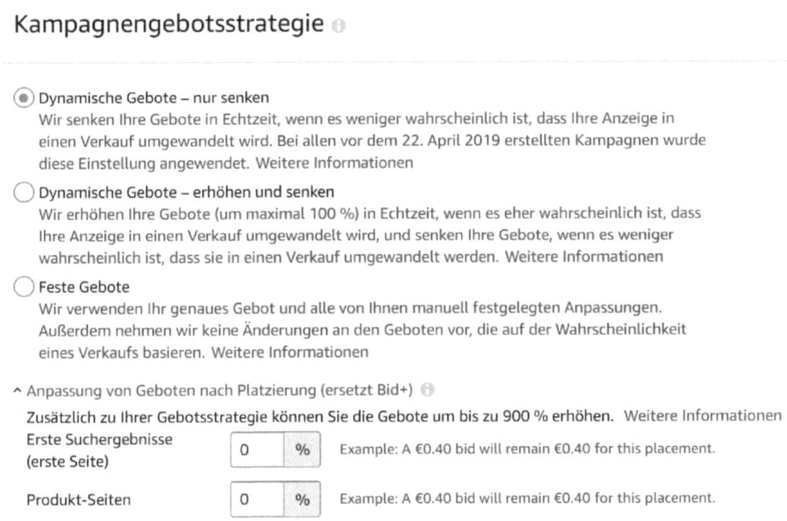

Abbildung 113: Kampagnengebotsstrategien

Bei **Dynamische Gebote – nur senken** reduziert Amazon die Gebote in Echtzeit für Klicks, die weniger wahrscheinlich in einen Verkauf umgewandelt werden. Wie genau diese Berechnung der Wahrscheinlichkeit eines Kaufs funktioniert, bleibt wieder ein Geheimnis von Amazon. Das Gebot kann beliebig gesenkt werden.

Bei **Dynamische Gebote – erhöhen und senken** erhöht Amazon das Gebot in Echtzeit für Klicks, die wahrscheinlicher sind, in einen Verkauf umgewandelt zu werden. Außerdem wird das Gebot bei unwahrscheinlichen Verkäufen automatisch gesenkt. Die Erhöhung und Senkung findet dabei um bis zu 100 % statt. So kann Amazon automatisch einen Preis von 1 € auf 2 € erhöhen, wenn es sich um eine gute Gelegenheit handelt, oben auf der ersten Seite angezeigt zu werden und die Wahrscheinlichkeit hoch ist, einen Verkauf zu generieren. Das Gebot kann aber auch bis auf 0,01 € gesenkt werden, wenn die Wahrscheinlichkeit weniger hoch ist und es sich beispielsweise um alle anderen Platzierungen handelt und nicht um die ersten Suchergebnisse.

Feste Gebote legt man fest, wenn man möchte, dass Amazon immer ein festes Gebot für die Auktion verwendet. Es findet keine automatische Anpassung statt.

Über feste Gebote hat man sicherlich die beste Chance, die meisten Impressionen und Klicks zu sammeln, da das Gebot nie angepasst wird, egal wie die Chancen stehen, den Kunden zu überzeugen. Bei den dynamischen Geboten wird hingegen die Conversion Rate verbessert, da das Gebot in Abhängigkeit von der Kaufwahrscheinlichkeit angepasst wird. Erfahrungsgemäß kann man mit „Dynamische Gebote – nur senken" beginnen.

Feste Gebote haben keinen Vorteil, da man bei „Dynamische Gebote – nur senken" ein verhältnismäßig hohes Gebot abgeben kann und trotzdem die Auktion gewinnt, auch wenn das Gebot dann automatisch gesenkt wird. Bei einer Auktion zwischen einem festen Gebot mit 0,30 € und einem dynamischen Gebot – nur senken mit 0,50 € wird wohl das dynamische Gebot meistens gewinnen, wenn die anderen Faktoren wie Relevanz oder Performance sonst gleich sind. Eine Anpassung findet in diesem Beispiel zwischen 0,01 € und 0,50 € statt. Wenn es also unwahrscheinlich ist, dass die Auktion auch zu einem Kauf führt, warum sollte man dann mehr dafür zahlen?

„Dynamische Gebote – nur senken" sind somit eine tolle Möglichkeit, einen dauerhaften Rabatt auf die Anzeigen zu bekommen. Hierbei muss man natürlich etwas Vertrauen in den Amazon Algorithmus haben, der bestimmt, wann er eine Anzeige für relevant hält und wann nicht. Bei „Dynamische Gebote – erhöhen und senken" sollte man vorsichtig sein und sich langsam rantasten. Ob ein Gebot 0,50 € oder 1 € (dynamische Erhöhung um 100 %) kostet, macht einen großen Unterschied.

Kampagnengebotsstrategie	Endgültiges Gebot nach Platzierung			Erklärung
	Erste Suchergebnisse (Seite 1)	Produktseiten	Weitere Suchergebnisse	
Feste Gebote	1,50 EUR	1,25 EUR	1,00 EUR	Verschiedene feste Gebote nach Platzierung
Dynamische Gebote – nur nach unten	0 – 1,50 EUR	0 – 1,25 EUR	0 – 1,00 EUR	„Gebote nach Platzierung anpassen" legt verschiedene Gebote nach Platzierung fest und „Dynamische Gebote (nur nach unten)" passt Gebote nach unten für Gelegenheiten an, bei denen weniger wahrscheinlich ist, dass sie bei einem Klick in einen Verkauf umgewandelt werden
Dynamische Gebote – nach oben und nach unten	0 – 3,00 EUR	0 – 1,88 EUR	0 – 1,50 EUR	Mit „Gebote nach Platzierung anpassen" werden verschiedene Gebote nach Platzierung festgelegt und dynamische Gebote passen diese Gebote weiter an, basierend auf der Wahrscheinlichkeit, dass ein Klick in einen Verkauf umgewandelt wird. Bei „Dynamische Gebote – nach oben und unten" kann Amazon ein Gebot um bis zu 100 % für „Erste Suchergebnisse (erste Seite)" und bis zu 50 % für andere Platzierungen erhöhen. Dies führt zu Erste Suchergebnisse (erste Seite): 1 EUR erhöht um 50 % = 1,50 EUR. Dies kann bei dynamischen Geboten weiter auf maximal 3,00 EUR erhöht werden (100 % Steigerung von 1,50 EUR) Produktseiten: 1 EUR erhöht um 25 % = 1,25 EUR. Dies kann bei dynamischen Geboten weiter auf maximal 1,88 EUR erhöht werden (50 % Steigerung von 1,25 EUR) Weitere Suchergebnisse: 1 EUR kann durch dynamische Gebote auf maximal 1,50 EUR erhöht werden (50 % Steigerung von 1,00 EUR)

Abbildung 114: Gebotsstrategien in der Übersicht, Quelle: vgl. (Amazon.com, Inc. , 2020), siehe auch (Kelm, 2019, S. 259)

Anpassung von Geboten nach Platzierung ist eine zusätzliche Möglichkeit, noch mehr Dynamik in die Auktion und die Gebotsstrategie zu bringen. Je nach Platzierung werden die Gebote unterschiedlich angepasst:

- Mit „Erste Suchergebnisse" sind gesponserte Anzeigen gemeint, die in der oberen Zeile auf der ersten Seite der Suchergebnisse angezeigt werden.
- Produktseiten beziehen sich vor allem auf die Platzierungen von „Sponsored Products" auf der Produktdetailseite.

Man kann dabei einen Prozentsatz zwischen 0 und 900 % auswählen. Konkurriert beispielsweise nun die Buchanzeige mit einer anderen Anzeige um die obersten Werbeplätze in den Suchergebnissen, kann es passieren, dass das Gebot um bis zu 900 % bei der Auktion erhöht wird. Hier kommt nun eine Dynamik rein, die man einem Anfänger auf keinen Fall empfehlen kann. Denn wenn man „Dynamische Gebote – erhöhen und senken" plus Anpassung der Gebote nach

Platzierung von 900 % eingibt, kann es passieren, dass das Gebot zuerst um 100 % und dann nochmal um 900 % erhöht wird. Was das für die Werbeausgaben bedeutet, muss wohl nicht weiter erläutert werden. Erfahrungsgemäß reichen die normalen dynamischen Gebotsstrategien aus, um erfolgreiche Werbeanzeigen zu schalten.

Anzeigengruppe erstellen

Hierbei kann man nun als Erstes den Anzeigengruppennamen vergeben. Empfehlungen dazu gab es bereits beim Thema „Kampagnenstruktur".

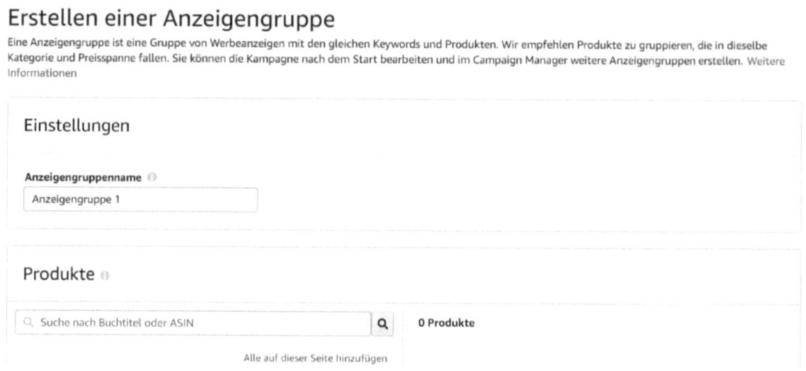

Abbildung 115: Anzeigengruppe erstellen.

Je nachdem, welche Ausrichtung man bei der Kampagne eingestellt hat, kann man nun verschiedene Gebote für die manuelle oder automatische Ausrichtung vornehmen.

Manuelle vs. automatische Kampagne

Bei der **automatischen Ausrichtung** wird das Buch mit Anzeigen verglichen, die ähnliche Keywords und Produktlistings haben. Amazon wählt dann Keywords und Produkte aus, die auf bisherigen Käuferdaten basieren.

Die automatische Ausrichtung schaltet dann Anzeigen auf Produktdetailseiten und in den Suchergebnissen. Sie ist schnell und einfach, da es kaum Einstellungen gibt. Man gibt die Arbeit an den Amazon Algorithmus ab. Bei automatischen Ausrichtungen kann man ein Standardgebot oder ein Gebot nach Targeting-Gruppen festlegen.

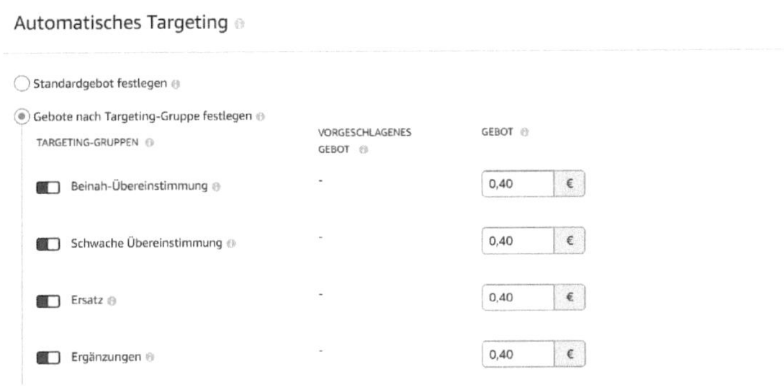

Abbildung 116: Automatisches Targeting.

Die Übereinstimmungstypen nach Targeting-Gruppen sind:

- Enge Übereinstimmung: Das Buch wird Käufern gezeigt, die *Suchbegriffe* verwenden, die eng mit dem Buch verbunden sind. Ein Buch mit dem Titel „Marketing“ wird beispielsweise bei dem Keyword „Marketing Buch“ angezeigt.
- Entfernte Übereinstimmung: Das Buch wird Käufern gezeigt, die *Suchbegriffe* verwenden, die entfernt mit dem Buch verbunden sind. Ein „Marketing Buch“ wird eventuell auch bei einer Suchanfrage zu BWL oder VWL angezeigt.
- Ersatz: Das Buch wird Käufern angezeigt, die *Detailseiten* von Büchern ansehen, die dem Buch ähnlich sind.
- Ergänzungen: Das Buch wird auf *Detailseiten* angezeigt, die das Buch ergänzen. Es ist denkbar, dass

beispielsweise ein Sportbuch bei einem Kochbuch angezeigt wird. Die Ergänzung ist also nicht ganz so genau wie der Ersatz.

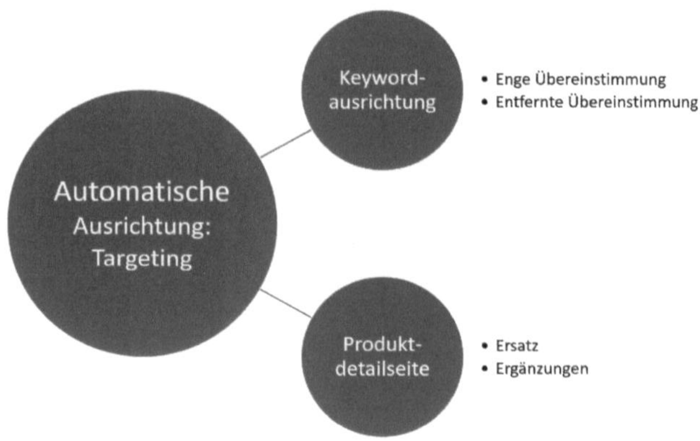

Abbildung 117: Automatische Ausrichtung Targetingmöglichkeiten, Quelle: vgl. (Seward, 2019, S. 148)

Bei der **manuellen Ausrichtung** kann man die bereits besprochenen Keyword- und Produktausrichtungen selbst vornehmen. Suchbegriffe, für die man das Buch anzeigen lassen möchte, kann man als Liste eingeben. Mit der Zeit, wenn Amazon genug Daten gesammelt hat, gibt es auch einige interessante Keywordvorschläge von Amazon. Wenn man eine Kampagne das erste Mal aufsetzt, sollte man hier aber selbst Suchbegriffe eingeben. Bei den Keywords gibt es verschiedene Übereinstimmungstypen:

- Weitgehend (Broad): Dieser Übereinstimmungstyp sorgt dafür, dass die Werbeanzeige bei vielen Suchanfragen in Frage kommt. Die Reihenfolge der Suchbegriffe ist dabei egal. Diese Übereinstimmung umfasst auch verwandte Begriffe, Variationen und Pluralformen.
- Wortgruppe (Phrase): Der Suchbegriff, bei dem das Buch angezeigt wird, muss die Wortgruppe enthalten.

Pluralformen werden berücksichtigt. Es gibt aber keine Abweichungen mehr im Sinne von relevanten Begriffen oder anderen Variationen.

- Genau passend (Exakt): Der Suchbegriff des Kunden muss mit dem Begriff, den man eingibt, exakt übereinstimmen, damit das Buch als Werbeanzeige angezeigt wird. Auch hier werden Pluralformen berücksichtigt.

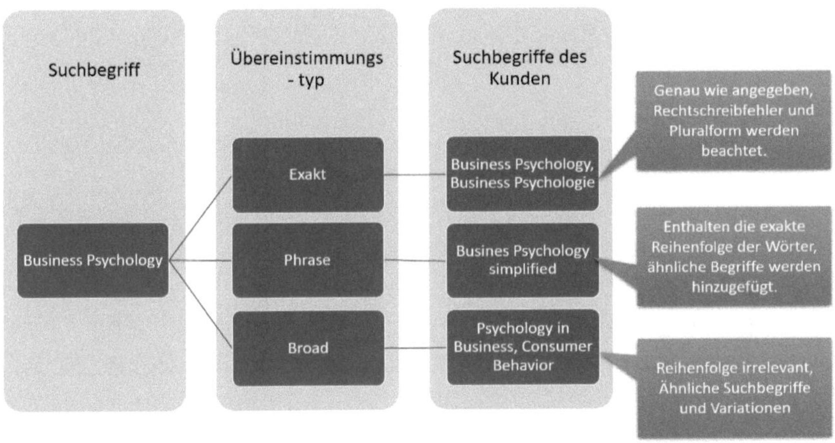

Abbildung 118: Beispiele für die Übereinstimmungstypen.

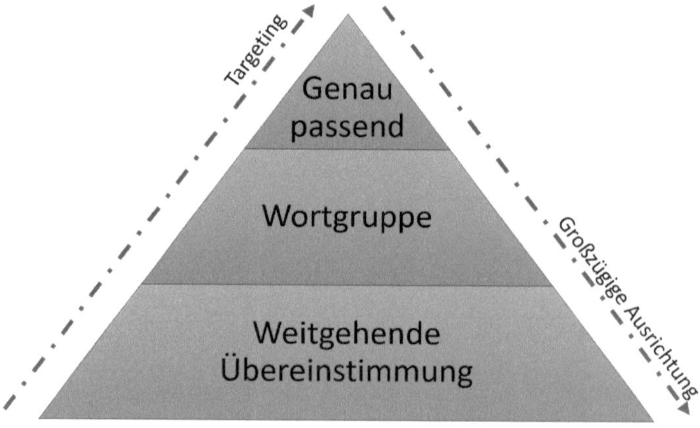

Abbildung 119: Genau passende Übereinstimmungen vs. Broad-Ausrichtung, Quelle: vgl. (Seward, 2019, S. 89)

Die genaue Übereinstimmung ist für den Suchalgorithmus die relevanteste. Ein Keyword mit einer genauen Übereinstimmung wird immer ein Keyword mit einer anderen Übereinstimmung schlagen (Fries & Bruns, 2019, S. 239). Vorausgesetzt, die anderen Faktoren für die Auktion bleiben gleich. Man kann pauschal nicht sagen, welcher Übereinstimmungstyp günstiger ist. Das Gebot hängt vor allem vom Wettbewerb ab. Die exakte Übereinstimmung ist sehr restriktiv. Je mehr Freiheiten man bei der Übereinstimmung zulässt, desto mehr Kontrolle gibt man an den Amazon Algorithmus ab. Bei der weitgehenden Übereinstimmung kann der Algorithmus sogar neue Wörter für die tatsächliche Kundenabfrage hinzufügen, die man ursprünglich gar nicht ausgewählt hatte.

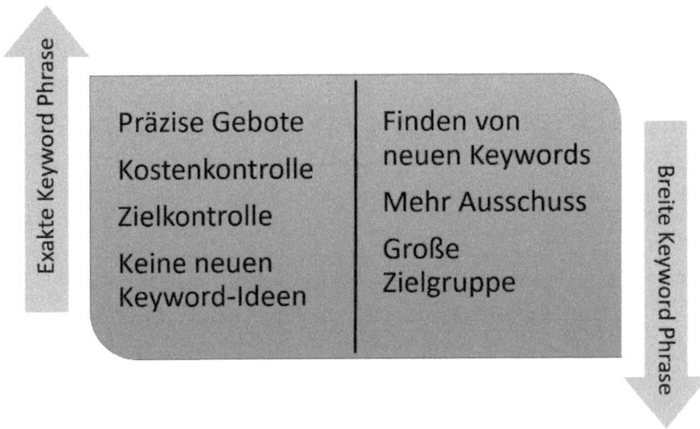

Abbildung 120: Vor- und Nachteile der Übereinstimmungen.

Amazon KDP empfiehlt selbst Folgendes: „KDP-Autoren empfehlen wir, zunächst eine Reihe von Keywords in der Kampagne auszuwählen, die von vage bis spezifisch reichen. Wählen Sie weitgehende Begriffe aus, die das Buch und die übergeordnete Kategorie beschreiben (Beispiel: E-Book-Bestseller, berühmte Autoren), relevante Genres (Beispiel: Autorinnen, Klassiker), ähnliche Autoren oder Verlage (Beispiel: Charlotte Brontë, Penguin Classics) und Begriffe, Themen oder ASINs, die für die Bücher relevant sind (Beispiel: Heathcliff, ASIN 0141439556)." (Amazon.com, Inc. , 2020)

Bei der **Produktausrichtung** kann man nun, wie bereits erwähnt, einzelne Produkte oder ganze Kategorien auswählen, um dort Werbeanzeigen zu schalten. Für die Top 10-20 der Konkurrenzprodukte bietet es sich an, eine Produktausrichtung für einzelne Produkte vorzunehmen. Ansonsten decken die Kategorien automatisch auch die relevanten Konkurrenzprodukte ab, da diese sich in den passenden Kategorien zum Buchthema befinden.

Für die Kategorien sollte man getrennte Anzeigen für E-Book und Taschenbuch erstellen. Die Namen der Kategorien, die man für E-Books und Taschenbücher auswählt, sind oftmals identisch, was dazu führt, dass man im Nachhinein schwer auswerten kann, ob ein Taschenbuch oder ein E-Book über die Kategorie verkauft wurde. Die E-Book-Kategorien beginnen mit */Kindle-Shop* und die Bücher-Kategorie beginnt mit */Bücher*. Übrigens befinden sich in der Kategorie „Bücher“ keine E-Books, wie andere Experten behaupten. Dies ergab eine Nachfrage beim Amazon Advertising Support.

Um nicht auf viele Produktdetailseiten klicken zu müssen, um die ASIN zu finden, kann man den Helium 10 ASIN-Grabber benutzen. Auch dieses Tool ist in der kostenlosen Chrome Extension vorhanden.

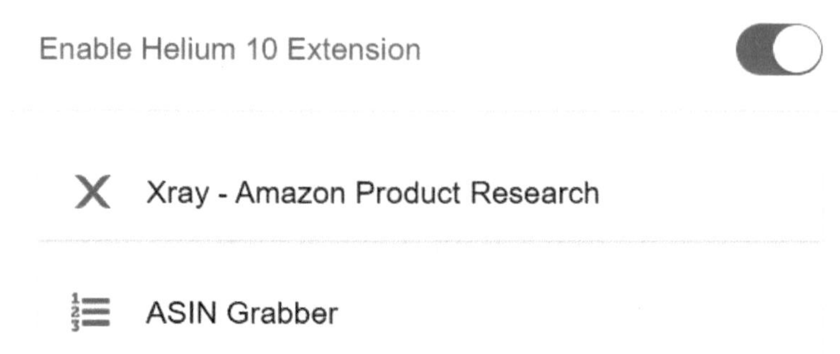

Abbildung 121: ASIN Grabber.

Es lässt sich automatisch eine Liste mit relevanten ASINs erzeugen. Jedes Buch hat eine ASIN. Die ASIN ist ein individueller Code, der jedem Buch zugeordnet werden kann. Es bietet sich an, Produkte mit „SP“ zu entfernen, da diese dort auftauchen, weil sie durch Werbeanzeigen auf Seite 1 angezeigt werden.

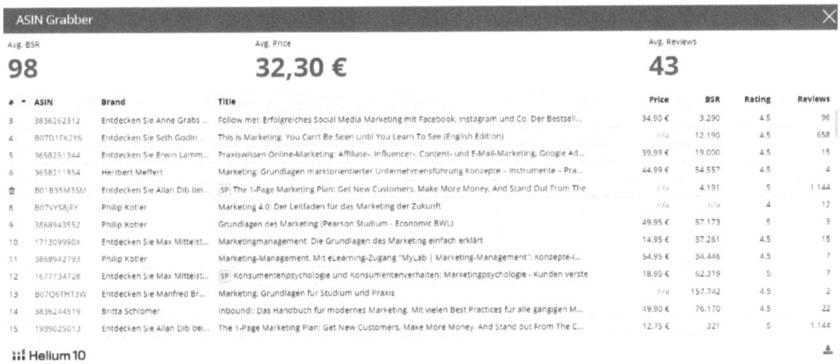

ASIN Grabber

Avg. BSR **98** | Avg. Price **32,30 €** | Avg. Reviews **43**

#	ASIN	Brand	Title	Price	BSR	Rating	Reviews
3	3836262312	Entdecken Sie Anne Grabs ...	Follow me!: Erfolgreiches Social Media Marketing mit Facebook, Instagram und Co. Der Bestsell...	34,90 €	3.290	4.5	96
4	B07D1FK2Y6	Entdecken Sie Seth Godin ...	This is Marketing: You Can't Be Seen Until You Learn To See (English Edition)	n/a	12.190	4.5	658
5	3658251344	Entdecken Sie Erwin Lamm...	Praxiswissen Online-Marketing: Affiliate-, Influencer-, Content- und E-Mail-Marketing, Google Ad...	39,99 €	19.000	4.5	15
6	3658211954	Heribert Meffert	Marketing: Grundlagen marktorientierter Unternehmensführung Konzepte – Instrumente – Pra...	44,99 €	54.557	4.5	4
	B01B35M35M	Entdecken Sie Allan Dib bei...	SP The 1-Page Marketing Plan: Get New Customers, Make More Money, And Stand Out From The	n/a	4.191	5	1.144
8	B07VYS8JFY	Philip Kotler	Marketing 4.0: Der Leitfaden für das Marketing der Zukunft	n/a	n/a	4	12
9	3868943552	Philip Kotler	Grundlagen des Marketing (Pearson Studium - Economic BWL)	49,95 €	87.173	5	3
10	171309990X	Entdecken Sie Max Mittelst...	Marketingmanagement: Die Grundlagen des Marketing einfach erklärt	14,95 €	37.261	4.5	15
11	3868942793	Philip Kotler	Marketing-Management. Mit eLearning-Zugang "MyLab | Marketing-Management": Konzepte-I...	54,95 €	34.446	4.5	7
12	1677734728	Entdecken Sie Max Mittelst...	SP Konsumentenpsychologie und Konsumentenverhalten: Marketingpsychologie - Kunden verste	18,95 €	62.319	5	7
13	B07Q6THT3W	Entdecken Sie Manfred Br...	Marketing: Grundlagen für Studium und Praxis	n/a	157.742	4.5	2
14	3836244519	Britta Schlomer	Inbound!: Das Handbuch für modernes Marketing. Mit vielen Best Practices für alle gängigen M...	49,90 €	76.170	4.5	22
15	199902501J	Entdecken Sie Allan Dib bei...	The 1-Page Marketing Plan: Get New Customers, Make More Money, And Stand out From The C...	12,75 €	321	5	1.144

Helium 10

Abbildung 122: ASIN Grabber Liste bearbeiten.

Diese Liste lässt sich einfach herunterladen und durch „Kopieren“ und „Einfügen“ bei Amazon Advertising in die Liste der einzelnen Produkte einfügen. Für die jeweilige Produktausrichtung sollte man Konkurrenzprodukte auswählen, die weit oben in den Suchergebnissen stehen bzw. einen guten Verkaufsrang haben. Sonst kann es dazu kommen, dass es wenige Impressionen gibt, da es kaum Kunden gibt, die auf die Konkurrenzbücher klicken.

Die Kategorieausrichtung besitzt im Vergleich zu den anderen Ausrichtungen am meisten Werbeziele. Am wenigsten Impressionen wird man wohl mit der Produktausrichtung sammeln. Aber auch Keywords können sehr spezifisch sein und nur wenige Impressionen sammeln.

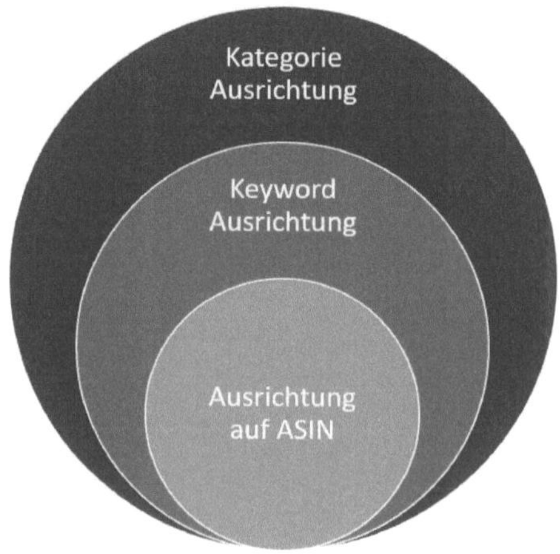

Abbildung 123: Die Kategorieausrichtung besitzt am meisten Werbeziele.

Da die Ausrichtung auf Kategorien sehr viele Produkte umfasst, gibt es noch die Möglichkeit, die Kategorienausrichtung zu verfeinern. Mit „Sponsored Products" kann man Buchkategorien nach Genre, Preisspanne, Sternebewertungen und Prime-Versandberechtigung verfeinern. Handlungsempfehlungen für die Filtereinstellungen zu geben ist schwierig, da jedes Buch anders ist. Man sollte dies erst ausprobieren, wenn man bereits Erfahrungen gesammelt hat. Für den Anfang muss man die Verfeinerung nicht benutzen. Sie hilft besonders dann, wenn man viele Daten gesammelt und Rückschlüsse gezogen hat. Man sollte versuchen, zwei Strategien umzusetzen, wenn man die Verfeinerung anwenden möchte:

Zum einen Filter verwenden, die hohe Qualität anzeigen, und zum anderen Filter für niedrige Qualität. Ein günstiger Preis mit schlechten Bewertungen steht beispielsweise für niedrige Qualität. Interessant sind auch Filter, die Bücher auswählen, die einen hohen Preis haben, aber schlechte Bewertungen. Es gelten hier die ähnlichen Prinzipien wie bei dem Produktlisting. Was kann man mit seinem Buch besser machen und welche Konkurrenzprodukte möchte man schlagen?

Genau auf diese Konkurrenzbücher ausgerichtet kann man nun gezielt Werbung schalten. Ändert man einen Filter, ändert sich auch die Anzahl der ausgerichteten Produkte automatisch. Somit kann man auch sehen, wie viele Bücher in einer Kategorie sind, wenn man noch keine Filter eingestellt hat.

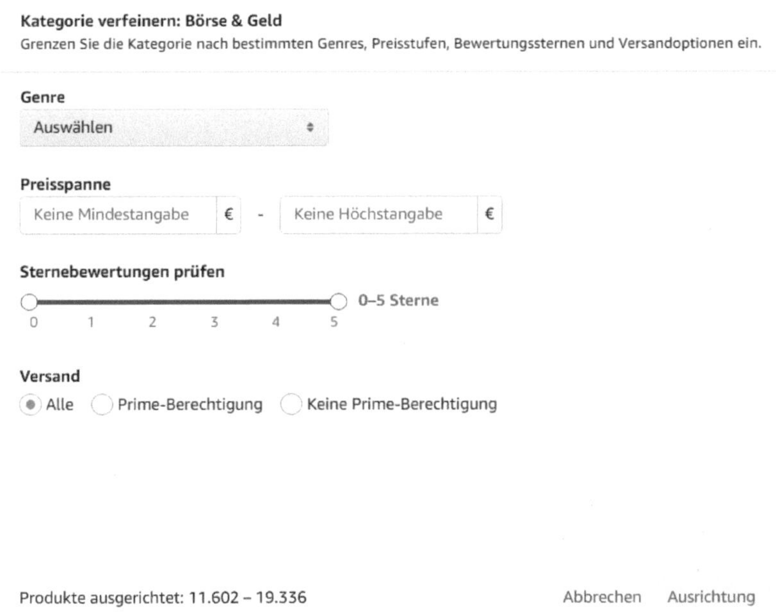

Abbildung 124: Eine Kategorie verfeinern.

Bei der manuellen und automatischen Kampagne gibt es zu guter Letzt noch die Möglichkeit, negative Ausrichtungen bei Keywords oder ASINs hinzuzufügen. Nimmt man hier ein Keyword hinzu, wird für diesen Begriff keine Anzeige geschaltet. Man kann somit die Anzeige optimieren, indem manche Begriffe ausgeschlossen werden. Ist das Buch nur für Anfänger geeignet, dann kann man bei den negativen Suchbegriffen „Fortgeschrittene" ausschließen. Das gleiche

Prinzip gilt bei den ASINs. Hat man Kategorie-Kampagnen erstellt, kann man bestimmte Produkte ausschließen. Das Buch wird dann nicht auf der Produktdetailseite unter „gesponserte Produkte“ angezeigt.

Zusammenfassend lässt sich sagen, dass es bei manuellen Kampagnen viel mehr Möglichkeiten gibt. Dadurch, dass man mehr einstellen kann, wird die Kampagne aber auch komplexer. Bei der Auto-Kampagne gibt man dagegen die Steuerung der Werbung an den Amazon-Algorithmus ab. Schlussendlich hat man bei der Auto-Kampagne weniger Möglichkeiten, diese noch zu optimieren. Benutzen sollte man beides, da sich die manuelle und die automatische Kampagne gut ergänzen können. Auto-Kampagnen sind eine Ausrichtungsart mehr und erhöhen somit die Sichtbarkeit der Werbeaktion. Die Auto-Kampagne wird mit der Zeit auch immer besser, wenn Daten gesammelt wurden, und man kann mit ihr neue Keyword-Ideen sammeln, aber dazu später mehr.

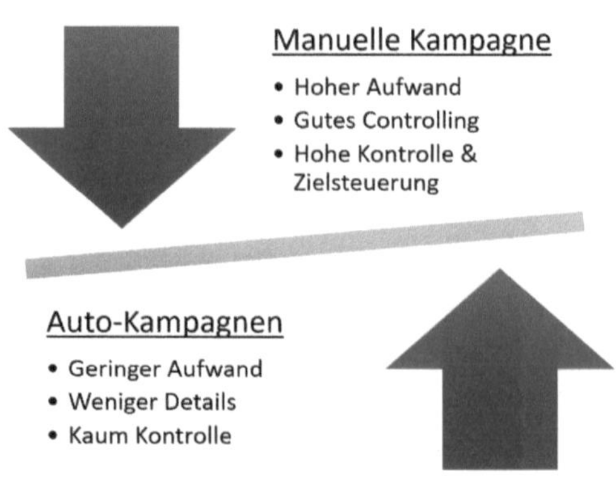

Abbildung 125: Automatische vs. manuelle Kampagne.

Kategorie-Kampagnen sind meistens günstiger als einzelne Keywords. Bei Kategorie-Kampagnen hat Amazon sehr viele

Werbeplätze zu vergeben, was dazu führen kann, dass die Klickpreise geringer sind. Dafür wird die Conversion Rate abnehmen, da Kunden die Anzeige sehen, obwohl sie an dem Thema vielleicht gar nicht interessiert sind.

Das Gute bleibt aber, dass man nur pro Klick auf die eigene Anzeige bezahlt. Und der Kunde hat sicherlich ein gewisses Maß an Interesse an dem beworbenen Buch, denn sonst würde er nicht auf die Buchanzeige klicken.

Gebote festlegen

Ein letzter, wichtiger Punkt bei der Erstellung einer Anzeige ist die Festlegung von Geboten. Wie bereits erwähnt ist der Preis ein wichtiger Faktor, der bestimmt, ob die Anzeige die sogenannte „Buy Box“ gewinnt oder nicht. Die Person, die bereit ist, am meisten zu bezahlen, damit das Buch als Anzeige erscheint, hat die größten Erfolgschancen. Der Preis ist zwar einer der wichtigsten Faktoren, aber nicht der einzige.

Ein Buch muss auch relevant für die Anzeige sein. Man kann beispielsweise nicht ein Kochbuch bei einem Keyword für Katzen anzeigen lassen. Ausnahmen bestätigen jedoch die Regel. Die eingestellten Ausrichtungen sollten also für den Käufer relevant sein. Des Weiteren ist auch die Leistungsfähigkeit einer Anzeige wichtig. Amazon bekommt nur Geld, wenn es Bücher anzeigt, die auch angeklickt werden. Für die Impression per se wird keine Bezahlung gefordert. Amazon wird also gewillt sein, Bücher anzuzeigen, die oft angeklickt und dann auch gekauft werden.

Die Werbekosten berechnen sich bei Amazon aufgrund eines CPC (Kosten pro Klick). Man bezahlt pro Klick des Kunden. Amazon gibt dabei eine Gebotsspanne vor, in der kürzlich erfolgreiche Auktionen stattgefunden haben. Die Gebotsspanne bezieht sich immer auf das entsprechende Buch und dessen Relevanz. Ein CPC ist niemals für alle Bücher gleich. Ein Buch kann einen höheren CPC als ein anderes Buch haben, da es eventuell weniger relevant ist.

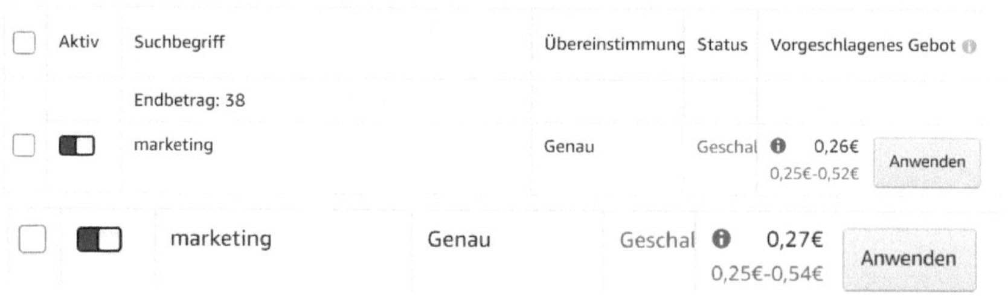

Abbildung 126: Gleicher Suchbegriff, unterschiedliche Gebotsspanne, bei zwei unterschiedlichen Büchern.

Im Beispiel unterscheiden sich die Gebotsspannen zwar kaum, aber es ist dennoch ersichtlich, dass jedes Buch unterschiedliche Preisspannen angezeigt bekommt. Deswegen macht es auch wenig Sinn, beim Produktlisting falsche Angaben zu machen. Wer sich für besonders schlau hält und bei den Kategorien falsche Angaben macht, bezahlt nun schlussendlich einen höheren Klickpreis.

Die Gebotsspanne ermöglicht einen einfacheren Einstieg in die Werbung und gibt ein Gefühl für den Wettbewerb und die möglichen Kosten. Das vorgeschlagene Gebot wird täglich aktualisiert und hängt davon ab, welche Gebote die Konkurrenz festlegt (Auktion). Man kann auch einen Klickpreis außerhalb des vorgeschlagenen Gebots wählen. Es sind nur Empfehlungen.

Die Empfehlung für die Festlegung der Klickpreise ist folgendermaßen: Was man zuallererst benötigt, sind Statistiken und die Tantiemen zu dem Buch, das man bewerben möchte. Nimmt man an, ein Buch besitzt Tantiemen von ca. 3,50 €, was für die meisten Bücher mit einem Verkaufspreis von 9,99 € ungefähr stimmen sollte, dann kann man 3,50 € ausgeben, ohne dass man Verlust mit Werbung auf Amazon macht. Alle Preise verstehen sich netto.

Die einzige Variable, die man nun noch kennen muss, ist die Kaufrate (Conversion Rate). Auf alle Kennzahlen wird in einem späteren Kapitel noch eingegangen. Die Conversion Rate gibt an, wie viele Kunden das Buch gekauft haben, wenn sie auf die Anzeige geklickt haben. Eine Conversion Rate von 10 % bedeutet, dass von 100 Anzeigenklicks 10 Kunden, die das Buch auf der Produktdetailseite betrachtet haben, es schlussendlich auch gekauft haben. Wenn man die Conversion Rate seiner Bücher kennt, kann man ganz einfach den Klickpreis berechnen.

Wenn man neu in Amazon Advertising ist, hat man diese Datengrundlagen nicht und muss auf andere Datenquellen zurückgreifen. Bei Büchern liegt, laut einer Studie, die Conversion Rate bei ca. 3-5 %. Erfahrungsgemäß können noch weitere Daten geteilt werden:

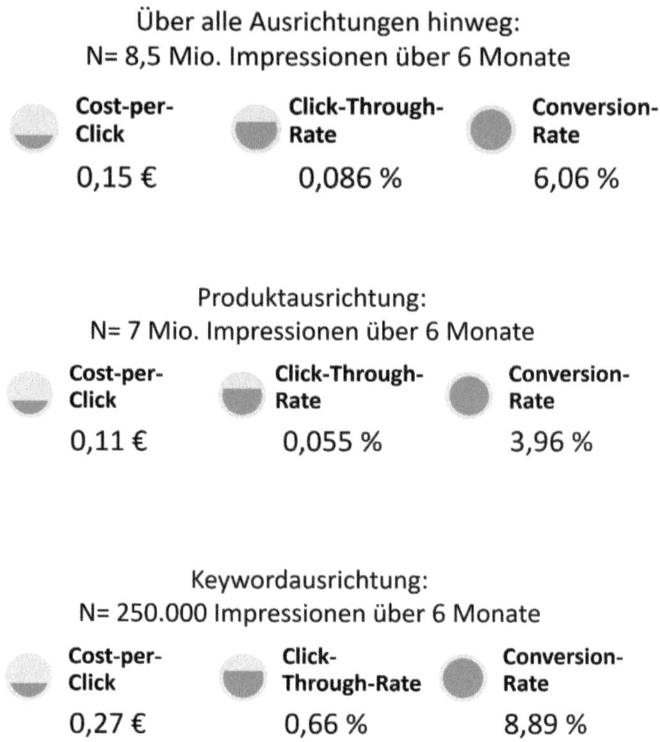

Abbildung 127: Eigene Statistiken zu Amazon Marketing.

Die Daten beziehen sich dabei auf Sachbücher aus dem Themengebiet Wirtschaft. Beide Statistiken sollten aber einen guten Anhaltspunkt geben. Nimmt man diese Daten und die Daten der Studie zusammen, kommt man auf eine Conversion Rate über alle Ausrichtungen hinweg von ungefähr 3-6 %.

Rechnet man nun konservativ, sollte man eine Conversion Rate von 4 % annehmen. Nun nimmt man die angesprochenen Tantiemen von 3,50 € und die Conversion Rate von 4 % und verrechnet beides miteinander. Bei 100 Klicks gibt es also 4 Bestellungen mit je 3,50 € Gewinn. Man sollte also mit 100

Klicks nicht mehr als die 14 € Einnahmen ausgeben. Dividiert man nun die 14 € durch die 100 Klicks, kommt man auf einen Klickpreis von maximal 0,14 €. Laut Berechnung sollte also ein CPC von 0,14 € über alle Ausrichtungen hinweg profitabel sein.

Es handelt sich dabei natürlich nur um ein Beispiel. Jedes Buch hat ein anderes Produktlisting. Die Werbeeffektivität hängt natürlich von vielen unterschiedlichen Faktoren ab. Jeder muss seine eigenen Erfahrungen machen. Möchte man also vorsichtig mit Amazon Marketing anfangen, kann man mit der erwarteten Conversion Rate die Klickpreise berechnen. Die Conversion Rate ist natürlich auch von der Ausrichtung abhängig. Wie in den Daten zu sehen ist, kann man bei der Schlüsselwortausrichtung mit einer höheren Conversion Rate rechnen. Jeder sollte also seine Berechnungen selbst anpassen.

Eine weitere Möglichkeit, das Gebot festzulegen, besteht darin, das vorgeschlagene Gebot von Amazon anzunehmen. Man sollte aber definitiv auf den Preis achten. Es gibt Keywords, die kosten 1-2 €. Mit einem günstigen Buch wird es schwer, bei solchen Geboten profitabel zu sein. Bei Tantiemen von 3,50 € und einem CPC von 1 € müsste ja bereits jeder dritte Klick ein Verkauf sein. Das wäre eine Conversion Rate von ca. 33 %.

Keywords für Amazon-Werbung finden

Das Vorgehen zum Finden von Keywords bleibt immer gleich, egal ob für Amazon Marketing oder für die Keyword-Boxen. Bewährte Tools wie Google oder Helium 10 können auch hierfür angewendet werden!

Mit der Zeit kann man nachschauen, welche Keywords Amazon empfiehlt. Diese Keywords findet man auf der Registerkarte „Verbunden“.

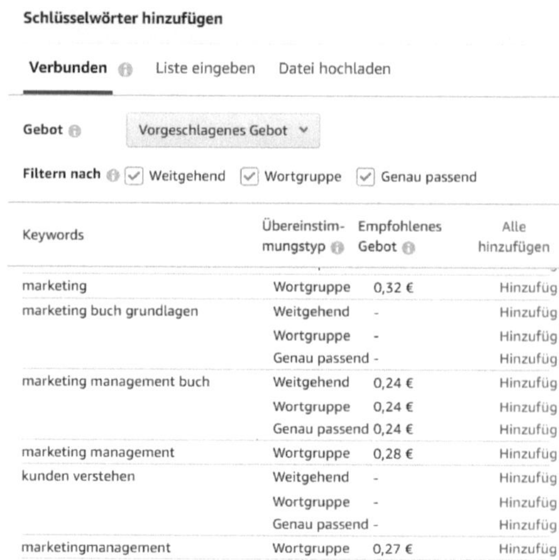

Abbildung 128: Vorschläge von Amazon benutzen.

Hilfreich ist es auch, im Suchbegriffbericht nachzuschauen, nach was die Kunden tatsächlich gesucht haben. Den Suchbegriffbericht findet man in der Anzeigengruppenauswertung. Er bietet einen Einblick in die tatsächlichen Einkaufsabfragen von Kunden. Jeder Klick, der zu einem Besuch auf der Produktdetailseite geführt hat, wird hier aufgeführt. Außerdem findet man hier viele nützliche Statistiken.

Abbildung 129: Der Suchbegriffbericht in der Anzeigengruppe.

Für eine genaue Keyword-Übereinstimmung ist der Suchbegriffbericht nicht wirklich spannend. Für „weitgehende" und „Wortgruppen" Übereinstimmungen ist er jedoch einen Blick wert. Man findet dort nämlich das Keyword, auf das man bietet und zusätzlich den tatsächlichen Suchbegriff des Kunden. In dem Beispiel wurde also auf „strategisches Management" geboten. Das Buch wurde aber als Anzeige bei „strategisches management projekt" angezeigt.

Nach Kontrolle der Statistiken könnte man dann die genauen Suchanfragen der Kunden als neues, genaues Gebot in die Anzeigengruppe aufnehmen. Auch Auto-Kampagnen können dazu dienen, Keyword- und ASIN-Ideen zu sammeln. Für Auto-Kampagnen gibt es auch einen Suchbegriffbericht. Somit kann man es Amazon überlassen, Keywords zu finden, und die Suchbegriffe, die zu Verkäufen führen und profitabel sind, kann man dann wiederum in eine eigene, manuelle Anzeigengruppe mit genauer Übereinstimmung aufnehmen. Dazwischen könnte man noch zusätzlich eine weitgehende Keyword-Anzeigengruppe schalten, um noch mehr Ideen durch Amazon generieren zu lassen.

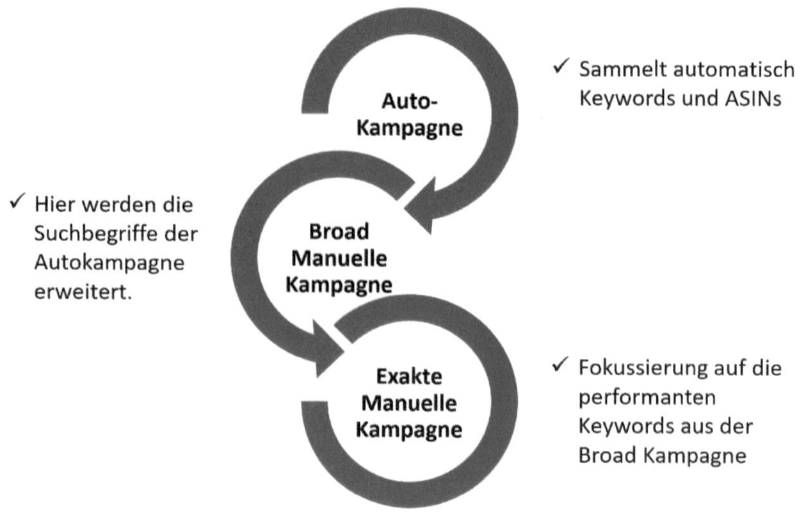

Abbildung 130: Vorschlag für eine automatisierte Advertising Kampagne

Keywords, die man schlussendlich in eine exakte Kampagne aufnimmt, kann man in den anderen Kampagnen auf negative Ausrichtung stellen, sonst bietet man in der Auto-, Broad und exakten Kampagne auf das Keyword. Wichtig: Es kann auch Sinn machen, die Keywords in den anderen Kampagnen stehen zu lassen. Amazon schreibt selbst: „Eine neue Kampagne, für die spärliche Leistungsdaten vorliegen, kann nicht treffsicher mit einer bestehenden Kampagne verglichen werden, da die Vorhersage-Algorithmen von Amazon, die dynamische Gebote optimieren, besser funktionieren, wenn mehr Daten vorliegen. Wenn sich die neue Kampagne stark von der bestehenden unterscheidet (z. B. unterschiedliche ASINs, die beworben werden, unterschiedliche Keywords usw.), kann es sein, dass Sie den Leistungsunterschied nicht eindeutig auf die unterschiedlichen Gebotsstrategien zurückführen können.“ (Amazon.com, Inc., 2020)

Eine neue Kampagne ohne Daten kommt eventuell auf andere Ergebnisse als eine bestehende Kampagne, da eine bestehende Kampagne mehr Daten besitzt. Man sollte also stets versuchen, bestehende Kampagnen zu verbessern, anstatt immer wieder neue Kampagnen zu erstellen (siehe auch Kapitel „Wissenschaftliches Vorgehen“).

Amazon Advertising empfiehlt, mindestens 25 Keywords in eine Keywordkampagne aufzunehmen. Diese Empfehlung kann man beruhigt umsetzen. Anfänger sollten aber bei dieser Zahl bleiben. Eine Keywordkampagne mit über 50 Keywords wird nicht zwangsweise zu mehr Impressionen führen. Der Algorithmus wird die meisten Keywords wahrscheinlich nicht in Betracht ziehen. Bei einer hohen Anzahl an Keywords kann es eventuell Sinn machen, zwei separate Anzeigengruppen aufzusetzen. Am besten wäre es natürlich, wenn man sich fokussiert und die 25-50 relevantesten Keywords herausfindet. Erfahrungsgemäß können auch Kampagnen mit nur 10 Keywords hervorragende Ergebnisse erzielen.

Bei der Auswahl von Keywords bietet es sich auch an, Suchbegriffe für bestimmte Autoren oder Buchtitel auszuwählen. Der Kreativität sind hierbei keine Grenzen gesetzt.

Für welche Keywords man Werbung schalten möchte, ist natürlich jedem selbst überlassen. Bei der Entscheidung hilft hoffentlich folgende Keyword-Klassifikation:

Keyword - Klassifikation		Traffic (z.B. Suchvolumen)	
		Hoch	Gering
Relevanz für das Buchthema	Hoch	Immer bieten! Eventuell Verlust in Kauf nehmen.	Fast immer bieten. Eventuell wenig Wettbewerb.
	Gering	Manchmal bieten. Kennzahlen überprüfen.	Fast nie bieten. Statistiken überprüfen.

Abbildung 131: Die Relevanz ist entscheidend.

Neben dem Preis ist die Relevanz entscheidend. Gibt es Keywords, die mit dem Buchtitel übereinstimmen oder für die Zielgruppe perfekt geeignet sind, sollte man hier definitiv versuchen, zu bieten. Eventuell selbst dann, wenn man unprofitabel bei diesen Keywords ist. Es gibt nämlich einige Strategien, bei denen es sich lohnt, mit Werbeanzeigen Verlust zu machen (siehe Kapitel „Unprofitable Anzeigen").

Abschließend ist zu sagen, dass Groß- und Kleinschreibung sowie Rechtschreibfehler nicht zu beachten sind. Selbst bei der genauen Übereinstimmung werden solche Fehler sowie Pluralformen toleriert. Was einen Unterschied machen kann, ist die Schreibweise mit Bindestrich oder Leerzeichen. Man sollte vor allem bei der genauen Übereinstimmung immer unterschiedliche Kombination ausprobieren.

3 hinzugefügt Alle entfernen

Keywords	Übereinstimmungstyp	Empfohlenes Gebot *Alle anwenden*	Gebot	
marketing-managament	Genau passend	-	0,40 €	×
marketing management	Genau passend	0,34 € 0,24 € - 0,34 €	0,34 €	×
marketingmanagement	Genau passend	0,59 € 0,28 € - 0,59 €	0,59 €	×

Abbildung 132: Unterschiedliche Schreibweise – unterschiedlicher CPC.

Wenn man eine „weitgehende“, „Wortgruppen“ und „genaue“ Übereinstimmung für ein und dasselbe Keyword schaltet, zählt nur die weitgehende Übereinstimmung. Erfahrungsgemäß sind genaue und weitgehende Übereinstimmungen ausreichend. Die Wortgruppen Übereinstimmung hat keinen weiteren Traffic-Vorteil gegenüber der weitgehenden.

Externes Marketing

Man muss die Online-Marketing-Tätigkeiten der Customer Journey anpassen. Die Customer Journey bezeichnet den Weg, den der Kunde nimmt, vom ersten Interesse über den Produktvergleich bis hin zum Kauf. Welche Kommunikationskanäle bzw. welche Social Media Plattformen als Werbung geeignet sind, wird also durch den Kunden und nicht durch das Unternehmen definiert!

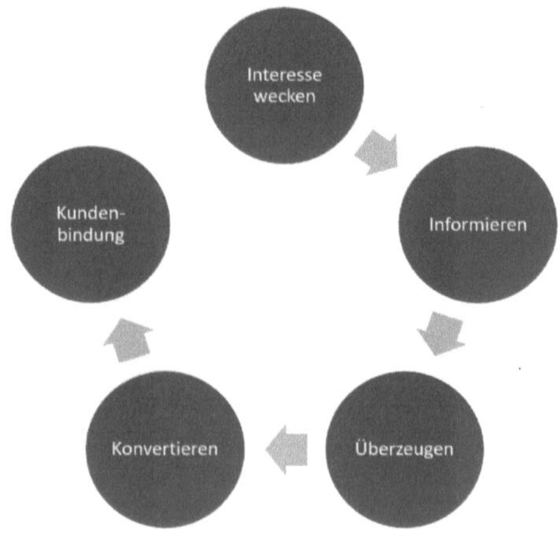

Abbildung 133: Die Customer Journey.

Bevor man mit Amazon KDP anfängt, sollte man also einige Vorüberlegungen tätigen:

1. Wer sind meine Kunden? (Buyer-Personas aufstellen)
2. Wo befinden sich meine Kunden in der Customer Journey?
3. Welche Online-Interaktionsmöglichkeiten gibt es?
4. Welche Werbeanzeige sollte ich wo und mit welchem Zweck zeigen?

Die verschiedenen Online-Marketing-Plattformen können für die Customer Journey unterschiedlich genutzt werden. Es gibt Plattformen, die eher das Interesse des Kunden an einem Produkt wecken, während andere Plattformen den Kunden stärker zum Kauf animieren. Nach dem Kauf muss die Customer Journey des Käufers nicht vorbei sein. Eventuell sind andere Produkte auch hilfreich für ihn. Hier könnte man gezielt mit dem Crossmarketing ansetzen: Kauft der Kunde ein Taschenbuch, ist vielleicht auch das E-Book für ihn von Interesse, um bequem unterwegs lesen zu können.

Vielleicht sind auch Bücher aus anderen Themengebieten für ihn spannend. Genau dort könnte man auch wieder mit den verschiedenen Online-Marketing-Möglichkeiten ansetzen. Es gibt viele Retargeting-Möglichkeiten auf Facebook, Google und Co., um einem bestehenden Kunden weitere Produkte anzubieten.

Um Bücher zu bewerben, kann man verschiedene Social Media-Plattformen benutzen und unterschiedliche Ziele erreichen. Bei Facebook und Pinterest schaltet man Werbeanzeigen, um das Interesse des Kunden zu wecken. Der Kunde kennt das Angebot noch nicht. Er wird auf eine Webseite, einen YouTube-Kanal oder Social Media-Plattformen weitergeleitet, um mehr Informationen über das Buch zu sammeln.

Auf Google schaltet man Werbung, um Kunden, die speziell nach einem Produkt suchen, auf das Angebot aufmerksam zu machen. Sucht der Kunde also explizit nach „Marketing Management Buch“, schaltet man eine Werbeanzeige auf diese Wortgruppe. Die Kunden haben also bereits ein Interesse am Produkt. Die Kunden, die man über Pinterest und Facebook erreichen möchte, haben dieses Interesse noch nicht.

Die wichtigste Werbeplattform für das Buchmarketing ist natürlich Amazon. Dort befinden sich hoch involvierte Kunden, die eine hohe Kaufabsicht haben. Das Werbeziel auf dieser Plattform ist es, den kaufwilligen Kunden zum Buch zu leiten. Die Chance einer Konversion (Kauf des Buchs) ist auf dieser Plattform am größten. Amazon ist also ein Marktplatz. Der Kunde wird dort nur noch einzelne Produkte miteinander vergleichen. Er ist aber bereits sehr an einem Kauf interessiert. Man geht ja auch nicht shoppen, ohne dass man etwas kaufen möchte oder zumindest bereit dazu wäre.

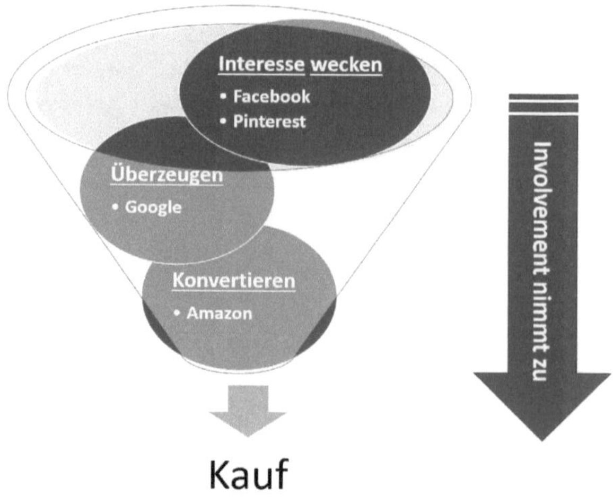

Abbildung 134: Das Interesse des Kunden beachten.

Es gibt viele Möglichkeiten, die Werbeplattformen unterschiedlich zu nutzen. Man kann das Retargeting von Facebook nutzen, um bereits bestehende Kunden zu binden oder Kunden, die auf einer Webseite waren, zurückzugewinnen. Google kann man, wie bereits erwähnt, nutzen, um das Interesse des Kunden zu wecken und ihn auf eine Webseite zu lenken. Man kann Google aber auch nutzen, um direkt das Buch zu bewerben und den Kunden zu der Produktseite auf Amazon weiterzuleiten.

Die Möglichkeiten sind vielfältig. Das Entscheidende ist dabei immer die Kundensicht. Was ist das Werbeziel und wo befindet sich der Kunde in der Customer Journey? Muss man ihn erst einmal von der Leistung des Produktes überzeugen? Kennt er das Produkt bereits? Besitzt er eine Kaufabsicht?

Hier nochmal einige Tipps in der Zusammenfassung:

- Die Kunden kennen: Unternehmen müssen die Bedürfnisse des Kunden in den einzelnen Phasen der

Customer Journey verstehen, um die entsprechenden Online-Marketing-Kanäle gezielt einzusetzen.

- Multichannel Online-Marketing: Man sollte viele verschiedene Social Media-Plattformen nutzen und diese Kanäle miteinander verlinken. So kann man immer wieder neue Touchpoints mit dem Kunden aufbauen. Egal ob Pinterest, Facebook, Google, YouTube, LinkedIn oder Instagram – der Kunde kann mit einem in Kontakt treten.

- Flexibilität: Die Online-Marketing-Kanäle können auf unterschiedliche Art und Weise genutzt werden. Facebook oder Google können dazu dienen, das Interesse zu wecken und den Kunden zu überzeugen. Amazon hilft, den Kunden vom Kauf zu überzeugen oder die Markenbekanntheit zu steigern.

- Differenzieren: Es gibt Unterschiede zwischen den sozialen Netzwerken. Diese Unterschiede betreffen das Nutzerverhalten, demografische und sozioökonomische Merkmale. Man sollte ein Gefühl dafür bekommen, wer sich auf den sozialen Netzwerken aufhält, um die Nutzer mit der Werbung bestmöglich anzusprechen.

Für das externe Buchmarketing kann man folgende Plattformen nutzen:

- Google
- Facebook (für Facebook und Instagram)
- Microsoft
- Pinterest

Wenn man externe Plattformen für Werbemaßnahmen nutzen möchte, sollte man ein hochpreisiges Buch verkaufen. Für Bücher unter 10 € Gewinn wird es schwer, mit externem

Marketing profitabel zu sein. Welche Plattform lohnenswert ist, hängt, wie bereits gesagt, von der Zielgruppe ab.

Amazon liebt externes Traffic. Wenn Amazon merkt, dass man Kunden von externen Plattformen auf Amazon holt, wird es das Buch mit einem besseren Ranking ausstatten. Wenn man Werbung über andere Plattformen auf Amazon lenken möchte, sollte man eine Landingpage dazwischenschalten. Auf der Webseite kann das Buch weiter erklärt werden. Der Vorteil ist, dass nur die Kunden bis zu Amazon durchklicken, die wirklich kaufbereit sind. Wenn viele Kunden auf der Produktdetailseite des Buchs abspringen, hinterlässt das keinen guten Eindruck beim Amazon Algorithmus.

Weitere Marketingmöglichkeiten sind:

- Blogger anschreiben: Es gibt viele Blogger, die Bücher testen und ein Review auf ihrer Seite hinterlassen. Man sollte versuchen, einen Blogger zu finden, der dem Thema entspricht.
- YouTube nutzen: Man kann ein Video über das Buch drehen und auf YouTube hochladen oder eine Person auf YouTube fragen, ob sie das Buch vorstellt.
- Blog starten: Mit dem Inhalt aus dem Buch kann man einen Blog starten. Natürlich sollte nicht der gesamte Inhalt aus dem Buch kopiert werden und auf dem Blog hochgeladen werden.
- Buchdeals.de: Buchdeals versendet täglich zehntausende E-Mails an Abonnenten eines Newsletters und erreicht viele Leser über die „Buch des Tages“ App. Man kann über Buchdeals Werbung für das Buch schalten lassen. So kann man beispielsweise einen Buchdeal (reduzierter Preis) über den Newsletter bewerben. Einen Promocode für Buchdeals befindet sich im Anhang. Eine ähnliche

Plattform wie Buchdeals ist: https://de.kindofbook.com/

- Facebook-Gruppen beitreten: Wenn man Mitglied in einer Facebook-Gruppe ist, kann man dort das Buch bewerben. Das Buch sollte dann aber wirklich Mehrwert für die Leserschaft bieten.

- In Foren posten: Einen Link zum Buch kann man auch mit dem ähnlichen Prinzip wie bei den Facebook-Gruppen in Foren posten.

- Goodreads nutzen: Bücher auf dem amerikanischen Markt sollte man bei Goodreads hochladen. Goodreads ist eine digitale Datenbank für Bücher. Nutzer können Bücher bewerten und zu einer Watchlist hinzufügen.

- Bei Digistore24 anmelden: Über Digistore24 kann man sein Produkt einer großen Anzahl von Vertriebspartnern zur Verfügung stellen. Das Buch kann dann durch Affiliate-Partner beworben werden. Man sollte aber auf die Vertriebsrechte von Amazon achten, gerade wenn man KDP Select aktiviert hat.

- Auf Fiverr nachschauen: Auf Fiverr gibt es die Möglichkeit, in der Kategeorie „Buchmarketing" interessante Angebote zu finden. Freelancer posten ein Buch auf ihren Plattformen oder sorgen für Traffic durch E-Mail-Listen. Meistens sind die Gigs für den amerikanischen Markt gedacht. Nachschauen lohnt sich trotzdem.

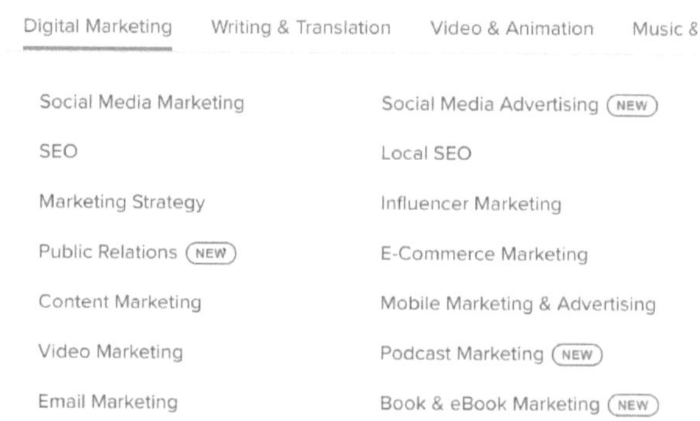

Abbildung 135: Buchmarketing mit Fiverr.

Wenn man Werbung auf externen Plattformen schaltet und die Kunden über einen Link zu Amazon geleitet werden, macht es Sinn, sich zusätzlich bei Amazon PartnerNet-Programm anzumelden. Dort kann man benutzerdefinierte Links zum Buch erstellen (Affiliate Link). Wenn ein Kunde auf diese Links klickt und das Buch kauft, verdient man an jedem Verkauf zusätzlich ca. 5 % Werbeprovision. Außerdem kann man genau nachsehen und kontrollieren, über welchen Link und somit über welche Marketingmaßnahmen Impressionen und Bestellungen erzeugt werden. Rechtliche Aspekte zu Affiliate Links sollte man mit einem Anwalt klären.

Amazon Advertising Controlling

Im Diagramm auf der Startseite von Amazon Advertising können verschiedene Kennzahlen verglichen werden. Besonders wichtig sind die Impressionen, Kosten und Bestellungen. Über den Reiter „Spalten" können jederzeit neue Kennzahlen hinzugefügt werden.

Man kann die einzelnen Kampagnen auch nach bestimmten Kennzahlen sortieren, indem man auf die Kennzahl in den Statistiken klickt. Wenn man die Kampagnen filtert, werden nur solche angezeigt, die bestimmte Kriterien erfüllen. Später kann man dadurch ganz einfach inaktive Kampagnen nicht mehr anzeigen lassen.

Im „Campaign Manager“ hat man die Möglichkeit, Daten für heute, gestern, die laufende Woche, die letzte Woche, den laufenden Monat, den letzten Monat, das laufende Jahr oder über die gesamte Laufzeit anzeigen zu lassen. Man kann die Dauer auch beliebig ändern mit Klicken auf die Datumsangaben. Die in den angezeigten Diagrammen enthaltenen Daten werden als X-Achse angezeigt. Die Daten im Advertising Dashboard werden zwar stündlich aktualisiert, es kann aber bis zu 2 Tagen dauern, bis alle Verkäufe und Daten eingetragen sind. Es macht also wenig Sinn, die aktuellen Tagesstatistiken zu nutzen.

In den Kampagneneinstellungen kann man jederzeit die Platzierungsgebote unter dem Reiter „Platzierungen“ ändern, auszuschließende Keywords für alle Anzeigengruppen hinzufügen sowie die Gebotsstrategie und die Verläufe anschauen. Die Verlaufsfunktion ist für das Controlling besonders interessant.

Man kann Änderungen auf Kampagnenebene abrufen, indem man unter „Kampagnen“ auf „Verlauf“ klickt. Man erhält somit eine detaillierte Zusammenfassung von Kampagneneinstellungen, Targeting und negativem Targeting. Diese Verlaufsfunktion gibt es auch für die einzelnen Anzeigengruppen. Man kann somit genau nachverfolgen, wann man welche Änderungen vorgenommen hat und was diese bewirkt haben. Der Änderungsverlauf enthält Daten von weniger als 90 Tagen.

Abbildung 136: Änderungsverlauf in den Anzeigengruppen.

Das Berichtssystem

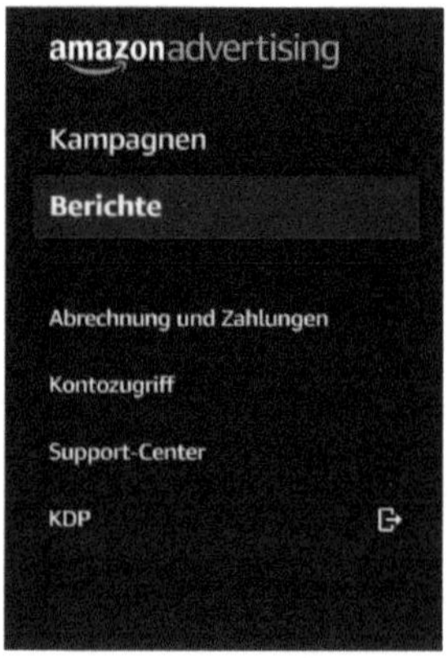

Abbildung 137: Die Berichte erstellen.

Das Berichtssystem ist für große Daten hilfreich, um mehr Kennzahlen in Excel zu generieren. Man kann verschiedene Berichte erstellen (Amazon.com, Inc., 2020):

- Suchbegriff: Man kann diesen Bericht zur Identifizierung leistungsfähiger Kundensuchen verwenden und diese dann als neue Suchbegriffe in die Kampagnen aufnehmen. Oder man schließt Suchbegriffe aus, die nicht funktionieren.

- Ausrichtungs-Bericht: Er bietet Einblicke in Verkaufs- und Leistungsstatistiken zu den Targetings in allen Kampagnen, die mindestens eine Impression erzielt haben. Diesen Bericht kann man verwenden, um das Suchvolumen und die Leistungstrends der Schlüsselwörter, Produkte und Kategorien herauszufinden.

- Berichte für beworbene Produkte: Sie bieten einen Einblick in Verkaufs- und Leistungsstatistiken für beworbene ASINs in allen Kampagnen, die mindestens eine Impression erzielt haben. Diese Berichte helfen, Trends zu entdecken, die beworbene Produkte betreffen.

- Kampagnen-Bericht: Er bietet einen besseren Einblick in die Gesamtergebnisse der Kampagnen.

- Platzierungs-Bericht: Er zeigt die Kampagnenergebnisse bei oberen Suchergebnissen im Vergleich zu sämtlichen anderen Platzierungen an. Man kann mit diesem Bericht die Ergebnisse über verschiedene Platzierungstypen hinweg einsehen und Sponsored Products-Kampagnen ermitteln, die von der Anpassung von Geboten nach Platzierung profitieren könnten.

- Leistung im Zeitabschnitt: Man kann mit diesem Bericht die Gesamtausgaben und Ergebnisse im Laufe der Zeit nachvollziehen.

Die Berichte alleine sind zwar hilfreiche Tools, aber erst in Kombination mit Excel oder anderen Rechenprogrammen entfalten sie ihre gesamte Wirkungskraft. Man kann ein gesamtes automatisiertes Excelprogramm entwerfen, das alle Daten einpflegt und automatisch aktualisiert. Somit hat man die Möglichkeit, PIVOT-Tabellen, Diagramme und weitere Kennzahlen berechnen zu lassen. Hierbei sind der Phantasie keine Grenzen gesetzt. Wie komplex man die Auswertung der Berichte machen möchte, hängt von der Zeit und Lust ab. Hilfreiche Auswertungstabellen können beispielsweise Freelancer auf Fiverr erstellen.

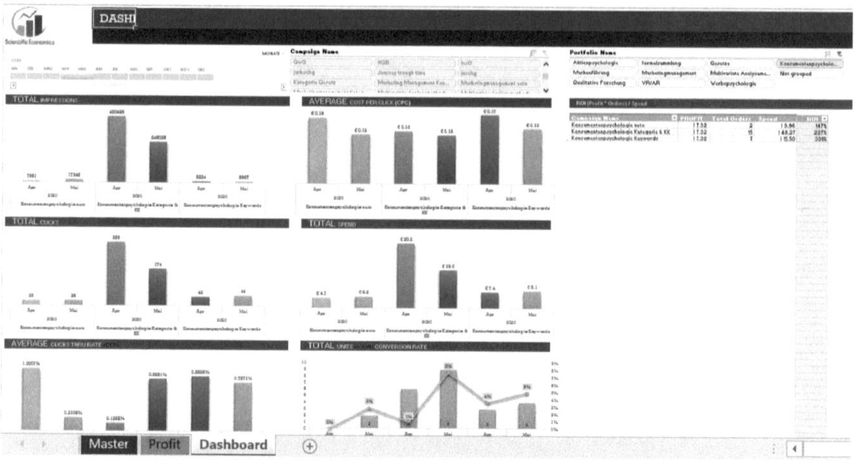

Abbildung 138: Auswertung in Excel ist grenzenlos.

Dieses Vorgehen macht eventuell erst ab einem 4-stelligen Adbudget Sinn. Dann kann man auch darüber nachdenken, einen Mitarbeiter/Freelancer für das Controlling einzustellen.

Die Kennzahlen in der Übersicht

Um die Werbeanzeigen zu verbessern, sollte man die Kennzahlen kennen und berechnen können.

Impressionen: Eine Impression wird gezählt, wenn eine Anzeige angezeigt wird. In der Statistik „Impressionen" wird gezählt, wie häufig eine Anzeige einem Kunden gezeigt wurde.

Ausgaben: Die Gesamtgebühren für Klicks einer Produktanzeige. Die Klicks multipliziert mit dem durchschnittlichen CPC ergeben die Ausgaben.

Klicks: Ein Klick wird gezählt, wenn ein Käufer auf eine Werbeanzeige klickt. Es sind damit keine gelesenen Seiten in Kindle Unlimited gemeint. Wenn ein Leser über eine Werbeanzeige ein Buch liest, gehen die gelesenen Seiten und die Einnahmen daraus (siehe KDP Select) nicht in die Verkaufsstatisik auf Amazon Advertising ein (E-Mail von Amazon Support).

Abbildung 139: Impressionen, Ausgaben und Klicks.

KENP-Lesestatistik: Ein Leser, der das Buch über Kindle Unlimited ausleiht und die Seiten liest, ging lange Zeit nicht in die Marketingstatistiken ein. Dafür gibt es nun seit Juli 2020 ein neue Kennzahl. Für jede gelesene Seite bekommt man einen kleinen Beitrag von Amazon, den man nun in seiner Auswertung berücksichtigen kann. Die Statistik hilft einem dabei, in Erfahrung zu bringen, wie viele Seiten gelesen wurden, nachdem Kunden auf die Anzeigen geklickt haben. Innerhalb von 14 Tagen nach dem Klick auf die Werbeanzeige werden noch die gelesenen Seiten gezählt. Die gelesenen

Seiten im KDP Dashboard umfassen dann alle gelesenen Seiten, die durch die reguläre und bezahlte Suche zustande gekommen sind.

CPC (Cost-per-Click): Der durchschnittliche Betrag, der für einen Klick auf das Keyword bezahlt wurde, berechnet als Gesamtausgaben geteilt durch die Anzahl der Klicks (Ausgaben/Klicks).

Umsatz: Der Umsatz aus allen Produktverkäufen, die durch Klicks generiert wurden. Es ist nicht der Gewinn gemeint!

Bestellungen: Die Anzahl der verkauften Einheiten. Übrigens werden die Verkäufe nur für die in der Kampagne aufgenommenen Produkte erfasst. Möchte man also die Verkäufe durch Werbung für alle Buchformate des Titels sehen, muss man auch beide Formate hinzufügen.

Abbildung 140: CPC, Umsatz und Bestellungen.

CTR (Click-Through-Rate): Der Prozentsatz der Kunden, die die Werbeanzeige sehen und darauf klicken, berechnet als Klicks geteilt durch Impressionen (Klicks/Impressionen).

ACoS (Advertising Cost of Sales): Zugeschriebene Umsatzkosten sind der Prozentsatz des Umsatzes, der für Werbung ausgegeben wird (Gesamtausgaben/Gesamtumsatz x 100).

ROAS (Return On Advertising Spend): Die Rentabilität der Werbeausgaben teilt den Gesamtumsatz durch die Gesamtausgaben für Werbeanzeigen (Gesamtumsatz durch Werbeanzeigen/Gesamtausgaben für Werbeanzeigen).

Conversion Rate: Die Konvertierungsrate gibt an, wie viele Käufer, die auf eine Anzeige geklickt haben, auch wirklich eine Bestellung ausgelöst haben (Bestellungen/Klicks x 100).

ROI (Return on Investment): Gibt an, wie viel Gewinn durch die Ausgaben erzielt wurde. Anders als der ACoS handelt es sich dabei um eine Gewinnkennzahl.

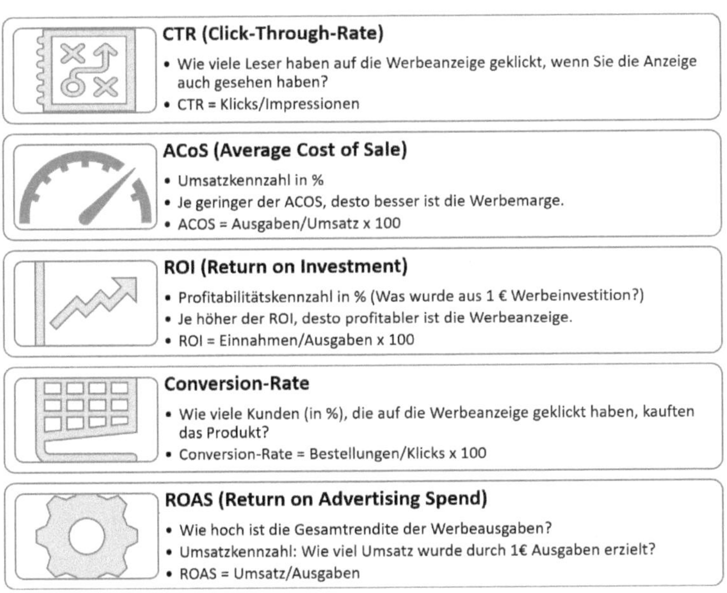

Abbildung 141: CTR, ACoS, ROI, Conversion Rate und ROAS.

Aus den Kennzahlen lassen sich ein paar kleine Schlussfolgerungen ziehen (Fries & Bruns, 2019, S. 229):

- Man kann mehr für einen Klick bezahlen, wenn die Nettomarge hoch ist.
- Je höher die Conversion Rate ist, desto geringer ist der ACoS und desto höher kann der CPC sein.
- Wenn die CTR steigt, aber die Anzahl der Verkäufe nicht, interessiert sich der Kunde zwar für das Buch, er bestellt es aber nicht.

Eine der wichtigsten Kennzahlen, um den Erfolg einer Werbemaßnahme einzuschätzen, ist der Amazon Bestseller-Rang. Wie bereits beschrieben sind dort verschiedene Faktoren kombiniert. Außerdem ist die Kennzahl von Amazon selbst aufgestellt. Um den BSR zu betrachten, empfiehlt es sich, einfach in seinem Authorcentral Account nachzuschauen. Dort kann man den BSR auch sehr gut im Zeitverlauf anschauen, was wichtig ist, um keine falschen Rückschlüsse zu ziehen (siehe Kapitel „Wissenschaftliches Vorgehen“).

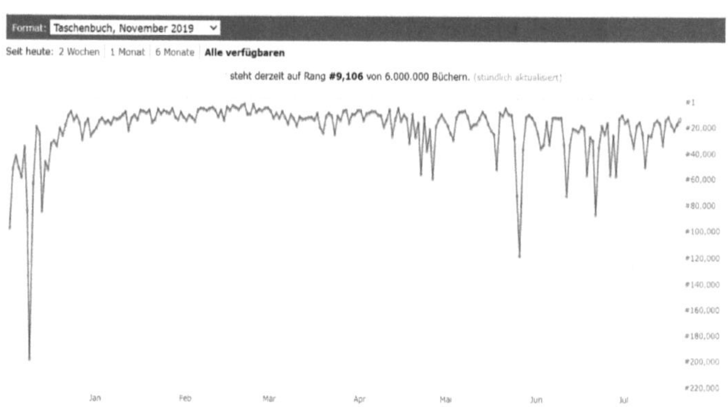

Abbildung 142: Den Verkaufsrang im Zeitverlauf betrachten.

Warum der ACoS irrelevant ist

Viele Coaching-Klienten haben Fragen bezüglich des ACoS. Immer wieder muss erklärt werden, warum der ACoS keine geeignete Kennzahl ist, um den Erfolg der Werbung zu kontrollieren. Der ACoS ist ein Kennzahl, die sich auf den Umsatz eines Buchs konzentriert. Was der ACoS völlig außer Acht lässt, sind die Druckkosten. Jedes Buch hat andere Druckkosten, und somit wirft jedes Buch andere Tantiemen ab. Zwei Bücher können gleich viel kosten, aber wenn sie eine andere Seitenzahl haben (über den pauschalen Druckkosten), werden die Bücher einen unterschiedlichen Gewinn erzielen. Bei ein paar Seiten und einem einzigen Verkauf macht dies vielleicht nur einen kleinen Unterschied von ein paar Cent. Über ein Jahr gerechnet können das aber mehrere Hundert Euro sein.

Dazu folgt nun ein Rechenbeispiel. Man sollte darauf achten, dass beide Praxisbeispiele denselben ACoS besitzen und dennoch ein unterschiedlicher Gewinn durch Werbung erzielt wird.

	Produkt A	Produkt B
Umsatz pro Einheit	9,34 €	9,34 €
Seitenzahl	100	150
Gewinn pro Einheit	3,71 €	3,21 €
Werbeausgaben	6,00 €	6,00 €
Bestellungen durch Ads	5	5
ACoS	= 6/9,34*5 = 12,84 %	= 6/9,34*5 = 12,84 %
Gewinn durch Werbung	= 6-(5*3,71) = 12,55 €	= 6-(5*3,21) = 10,05 €

Abbildung 143: Rechenbeispiel ACoS

Es macht also nur Sinn, den ACoS bei Büchern zu vergleichen, die dieselben Druckkosten haben bzw. bei denen die Tantiemen ähnlich sind. Viel besser ist es allerdings, Gewinnkennzahlen zu benutzen. Der Gewinn durch Werbung ist sehr einfach zu berechnen und viel geeigneter als der ACoS. Der ROI ist auch eine sehr gute Kennzahl, um den Erfolg einer Werbeanzeige zu messen. Nimmt man das Beispiel von oben, sind folgende Kennzahlen geeigneter:

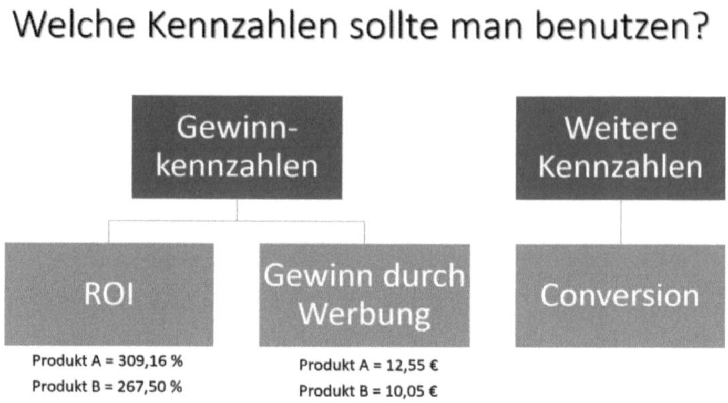

Abbildung 144: Die Gewinnkennzahlen verwenden.

Wer möchte also nicht lieber 250 Verkäufe zu einem ACoS von 25 % als 50 Verkäufe zu einem ACoS von 10 % haben (Seward, 2019, S. 45)? Ohne weitere Betrachtung sagt der ACoS also wenig aus.

Wie kann man den ACoS senken oder erhöhen?

Auch wenn der ACoS seine Schwächen hat, besitzt er dennoch eine Daseinsberechtigung. Man kann relativ schnell erkennen, ob es einen Handlungsbedarf gibt oder nicht. Ist der ACoS zu hoch, muss man sparen. Ist der ACoS zu niedrig, muss mehr investiert werden.

Eine Werbeanzeige ist bei Taschenbüchern meistens bei einem ACoS von ca. 40 % noch profitabel. Der Break-Even-ACoS (kein Gewinn oder Verlust durch Werbung) berechnet sich aus Tantiemen/Listenpreis. Hat das Buch einen Listenpreis von 9,48 €, betragen die Tantiemen ca. 3,50 €. Dann ist der Break-Even-ACoS ca. 37 %.

ACoS > ca. 30 %

- Gebot verringern. (Preisspanne beachten)
- Kann man das Keyword durch ein günstigeres oder relevanteres Keyword ersetzen?
- „Dynamisches Gebot - nur senken" ausprobieren.
- Auf den genauen Übereinstimmungstyp fokussieren. Andere Übereinstimmungen abschalten oder Gebote verringern.

ACoS < ca. 15 %

- „Dynamisches Gebot - erhöhen und senken" ausprobieren.
- Mehr Keywords aufnehmen.
- Gebote erhöhen. (Preisspanne beachten.)
- Mehrere Übereinstimmungstypen, wie z.B. „weitgehend", hinzunehmen.

Abbildung 145: ACoS Empfehlungen am Beispiel Keywords, Quelle: vgl. (Wilkens, 2018, S. 55-56)

Um zu verstehen, wie man den ACoS beeinflussen kann, muss man sich nochmal die Berechnung genauer anschauen.

ACoS (Average Cost of Sale)

- Umsatzkennzahl in %
- Je geringer der ACOS, desto besser ist die Werbemarge.
- ACOS = Ausgaben/Umsatz x 100

Abbildung 146: Einflussfaktoren ACoS

Was den ACoS beeinflusst, ist zum einen der Umsatz und das sind zum anderen die Ausgaben. Um den ACoS beispielsweise zu senken, muss man die Ausgaben senken und den Umsatz erhöhen.

Den Umsatz erhöht man, indem man die Conversion erhöht. Also dass mehr Leser als zuvor das Buch kaufen, wenn sie auf eine Anzeige klicken, oder wenn man es schafft, neue relevantere Keywords hinzuzufügen und unrelevante Keywords über eine negative Ausrichtung auszuschließen.

Die Ausgaben senkt man durch „Dynamische Gebote – nur senken", die Verringerung der Gebote und durch die Suche nach günstigeren Keywords. Günstigere Keywords sind meistens Longtail-Keywords.

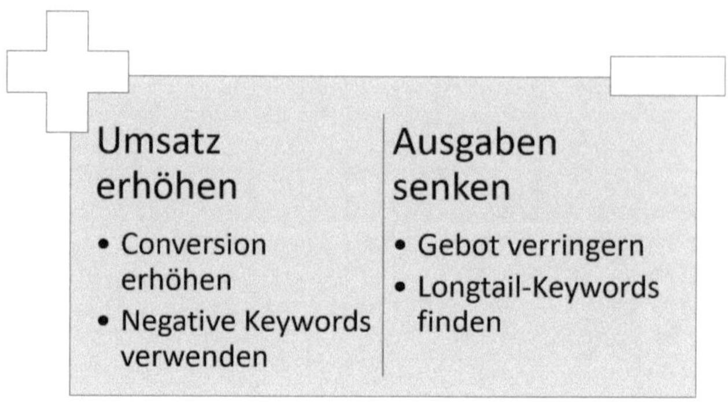

Abbildung 147: Den ACoS senken.

Die Conversion Rate

Die wichtigste Variable für eine erfolgreiche Werbeanzeige ist das Produktlisting. Das Produktlisting begleitet einen durch den gesamten Prozess der Buchveröffentlichung. Ohne die Grundlagen kann man keine Verkäufe erzielen. Man kann so viel Werbung schalten, wie man möchte. Wenn das Cover schlecht ist, die Buchbeschreibung ohne Call-to-Action und das Buch schlechte Bewertungen hat, wird kein Kunde das Buch kaufen. Auch eine Anzeige kann daran nicht mehr viel ändern. Deswegen folgen noch einmal die wichtigsten Faktoren für den Kaufabschluss auf Amazon in einer kurzen Übersicht. Über das „Produktlisting" gibt es bereits ein ausführliches Kapitel.

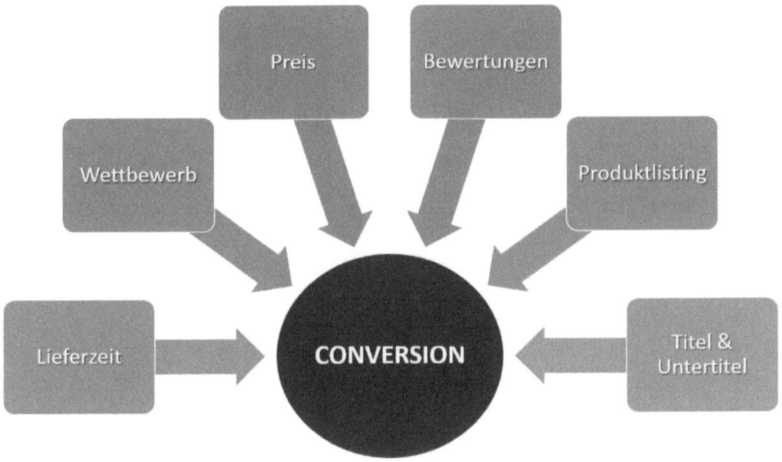

Abbildung 148: Die Einflussfaktoren auf die Conversion.

Abbildung 149: Die Variablen, um die Conversion zu verbessern.

Handlungsempfehlungen für Amazon Ads

Je nachdem, im welchen Schritt auf der Customer Journey der Kunde abspringt, muss man unterschiedlich reagieren. Die wichtigsten Kennzahlen, um zu kontrollieren, ob etwas mit der Werbung nicht stimmt, sind die Impressionen, die Klicks und die Verkäufe. Diese einfachen Grundlagen zeigen einem bereits, ob man handeln muss oder nicht. Gibt es keine Impressionen, sind die Gebote zu niedrig oder die ausgewählten Keywords nicht relevant genug. Ob es zu wenige Impressionen bei den Keywords sind, kann man mit diversen Tools herausfinden. Wenn einem Helium 10 sagt, dass „Online Marketing" 250x im Monat nachgefragt wird, man aber nur 20 Impressionen im Monat hat, weiß man, dass das Buch zu unrelevant oder das Gebot zu niedrig ist.

Hat man Impressionen gesammelt, aber keine Klicks, ist die CTR niedrig. Kaum ein Kunde, der die Anzeige sieht, klickt auch auf das Buch und schaut sich die Detailseite an. Er springt vorher schon ab. Man muss also überlegen, welche Faktoren auf der Suchergebnisseite zu sehen sind: Buchcover, Preis, Titel und Bewertungen. Bei diesen Faktoren sollte man Verbesserungen vornehmen und diese noch einmal mit dem Wettbewerb abgleichen.

Erzielt man Impressionen und Klicks, aber keine Verkäufe, liegt der Fehler bei der Produktdetailseite. Man sollte nun die Buchbeschreibungen verbessern und Leser um mehr Bewertungen bitten.

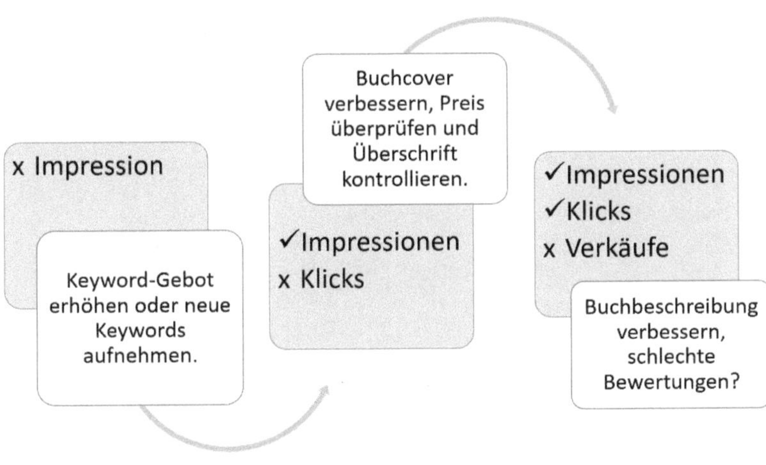

Abbildung 150: Handlungsempfehlungen für die Ads.

Was man oft beobachten kann, ist, dass Leute versuchen, unprofitable Ads profitabel zu machen, und an profitablen

Ads weiter sparen. Es wird oft versucht, Gebote bei Anzeigen zu erhöhen, die nicht laufen, in der Hoffnung, die Anzeigen irgendwie mit hohen Geboten zwingend zum Laufen zu bringen. Bei profitablen Ads wird versucht, die Gebote zu verringern, um noch mehr zu sparen.

Erfahrungsgemäß sollte man es genau andersherum machen. Die Anzeigengruppen bzw. spezieller die Keyword- oder Produktausrichtungen, die funktionieren, sollte man mit einem höheren Budget ausstatten und dort mehr investieren. Die Anzeigen, die eben nicht funktionieren, sollte man schrittweise im Budget verringern und später eventuell ganz ausschalten.

Ausrichtungstyp	Leistungsschwache Kampagnen	Leistungsstarke Kampagnen
Manuelle Ausrichtung	• Man sollte sich überlegen, Gebote zu senken oder bestimmte Ausrichtungen (Keyword oder Produkte) mit hohem ACOS anzuhalten. • Man kann weiter Ausrichtungen hinzufügen, um zu sehen, ob man den Kampagnenerfolg verbessern kann.	• Man sollte sich überlegen, das Kampagnenbudget zu erhöhen. • Man kann die Gebote für leistungsstarke Ausrichtungen verbessern und so zusätzliche Impressionen, Klicks und Bestellungen auf bereits relevanten Ausrichtungen erhöhen.
Automatische Ausrichtung	• Man sollte sich überlegen, negative Ausrichtungen für Ausrichtungen mit hohem ACOS hinzuzufügen. • Man kann sich überlegen, das Standardgebot für die Kampagne zu senken.	• Man kann sich überlegen, das Standard- und Kampagnenbudget zu erhöhen.

Abbildung 151: Handlungsempfehlungen für das Amazon Marketing, Quelle: vgl. (Amazon.com, Inc., 2020)

Welche Anzeigengruppe man im Auge behält, hängt vor allem von den Ausgaben ab. Eine Sortierung der Amazon Advertising-Statistiken nach Ausgaben bietet sich an, um auf den ersten Blick zu sehen, welche Kampagnen für die Ausgaben und hoffentlich auch für den größten Gewinn zuständig sind. Man kann oft sehen, dass man hier das Pareto-Prinzip anwenden kann. 80 % der Ausgaben kommen von 20 % der Kampagnen. Genau diese Kampagnen sollte man im Auge behalten, da dort der größte Hebel steckt.

Ein ähnliches Vorgehen betrifft auch die Frage, welches Produkt man verbessern soll. Auch hier ist die Antwort ähnlich. Das Produkt, das viele Impressionen und Klicks bekommt, sollte noch weiter verbessert werden. Die Bücher, die viel zum Umsatz beitragen, werden auch oft gekauft und sollten dementsprechend gut sein. Oftmals sind diese Bücher der erste Kontaktpunkt mit dem Käufer.

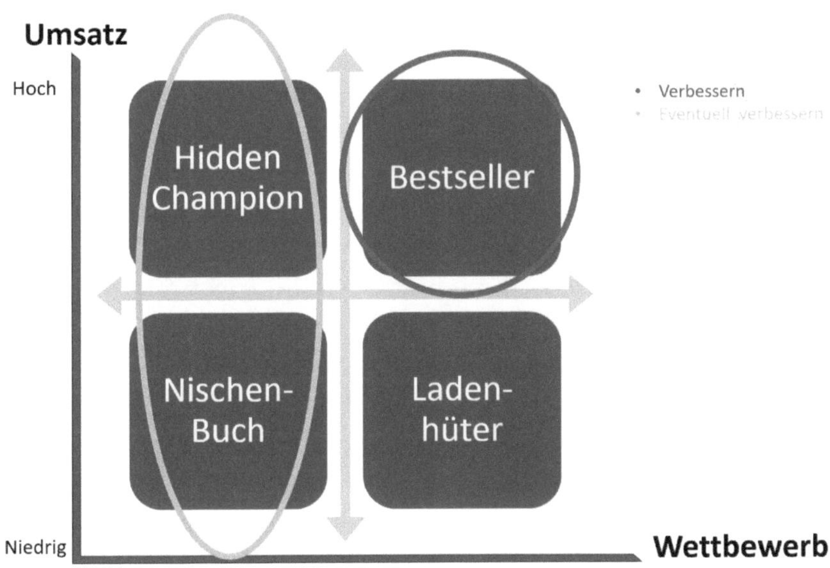

Abbildung 152: Die umsatzstarken Bücher weiter verbessern.

Der persönliche Bestseller sollte weiter verbessert werden, um sich gegen den starken Wettbewerb langfristig durchzusetzen. Nischenbücher sollte man verbessern, damit sie sich eventuell zu einem Bestseller entwickeln, und „Hidden Champions“ sind Bücher, die sich gut verkaufen, von denen es aber noch keine Konkurrenzprodukte gibt. Sie sind noch unter dem Radar für die Konkurrenz.

Eine weitere interessante Betrachtungsweise ist der Anteil der Marketing-Verkäufe an den Gesamtverkäufen. Im Amazon KDP Dashboard sieht man ganz genau, wie viele Verkäufe insgesamt eingegangen sind. Zieht man von diesen Verkäufen die Bestellungen im Advertising Account ab, kommt man auf die organischen Sales im Monat. Dadurch kann man auch den relativen Anteil der Werbeverkäufe an den Gesamtverkäufen berechnen. Hierbei ist vor allem der Zeitverlauf interessant. Es gibt keine Richtwerte, wie hoch der Anteil an organischen Sales sein sollte. Eines ist sicher, organische Verkäufe kosten kein Geld.

Übrigens gibt es kein Ziel oder keinen Moment, worauf man hinarbeitet, um alle Marketingtätigkeiten bzw. Kampagnen auszuschalten. Amazon Advertising ist ein laufender Prozess, der immer wieder verbessert werden muss. Es kann sogar sein, dass manche Kampagnen sich mit der Zeit abnutzen (Wagner, 2020, S. 138). Hat man viele Trend-Keywords benutzt oder bei der Produktausrichtung ASINs ausgewählt, von denen es nun eine neue Auflage gibt, kann es sein, dass die Impressionen mit der Zeit nachlassen. Generischen Keywords (vor allem Shorttail) passiert das seltener. Aber es gibt schon einige Themen, die mal im Trend waren und für die sich nun keiner mehr interessiert. Ein Keyword zu einem Trendthema kann also früher einmal viele Impressionen erzielt haben, die mit der Zeit nachgelassen haben. Man sollte auch hier die Saisonalität beachten.

Wissenschaftliches Vorgehen

Viele Anfänger haben Angst, viel Geld zu verlieren und schalten ihre Werbeanzeigen schnell wieder ab. Was auch oftmals passiert, ist, dass Änderungen zu oft vorgenommen werden. Wichtig zu verstehen ist, dass eine ausreichende Datengrundlage bestehen muss, bevor man Entscheidungen trifft. Bei 20 Klicks und einer einzigen Bestellung eine

Schlussfolgerung zu ziehen, ist grob fahrlässig und schmerzt jeden Statistiker. Was man verstehen muss, ist, dass viele Daten durch Zufall entstehen können.

Was, wenn die eine Bestellung ausgerechnet der einzige Kunde war, der sich für das Produkt aufgrund dieser Anzeige interessiert hat? Oder es ausgerechnet die einzigen 19 Kunden waren, die sich nun zufällig nicht interessiert haben? Daten sind der Schlüssel zum Erfolg im Amazon Marketing. Wer viele Daten gesammelt hat, besitzt einen großen Wettbewerbsvorteil. Nicht nur, weil man dann ein Gefühl entwickelt für das, was funktioniert. Man kann seine Schlussfolgerunen auch auf Basis von Hunderten oder Tausenden Daten ziehen.

Je weniger Daten man hat, desto eher ist das Ergebnis durch den Zufall gesteuert. Um ein fundiertes Ergebnis zu bekommen, sollte man also viele Daten sammeln. Man kann aber nicht unbegrenzt Geld ausgeben, nur um Daten zu sammeln. Eine Faustregel lautet, dass eine einzige Ausrichtung (keine Anzeigengruppe oder Kampagne), z. B. ein einzelnes Keyword oder eine einzelne Kategorieausrichtung, mindestens profitabel sein sollte. Hat man also einen Gewinn von 4 €, sollte man auf jeden Fall warten, bis diese 4 € aufgebraucht sind. Besser wäre es sogar, wenn man eine kleine Sicherheitsmarge von ca. 20 % oder mehr einbaut und wartet, bis ca. 4,80 € ausgegeben sind. Wenn der CPC nicht zu groß ist, sollte man nun mindestens 20-30 Klicks gesammelt haben.

Wenn das Ergebnis nicht zufriedenstellend ist, kann man das Gebot schrittweise verringern und zumindest noch weitere Daten sammeln.

Eine Betrachtungsweise über die gesamte Laufzeit kann sich also immer mal wieder lohnen, um möglichst viele Daten zu betrachten. Es gibt kaum einen Monat im Marketing, der wie der Monat davor verläuft. Es kommen immer überraschende Wendungen.

Bei Amazon Advertising hängt der Erfolg von einer Vielzahl von Variablen ab. Bei einer so großen Zahl von Einflussfaktoren ist es schwer zu ermitteln, was für die Änderungen in der Statistik verantwortlich ist.

„Ein Problem im Zusammenhang mit Korrelation besteht darin, dass (vor allem mit statistischen Schlussfolgerungen wenig vertraute) Personen häufig der Versuchung nicht widerstehen können, einen korrelativen Zusammenhang kausal zu interpretieren. Das bedeutet, es wird eine „Ursache-Wirkungs"-Richtung zwischen den Variablen unterstellt. [...] Eine Richtung der Wirkung, sofern vorhanden, wird dadurch nicht erfasst." (Lammers, 2003, S. 83)

Um dieses Problem zu umgehen, muss man nur schrittweise sehr inkrementelle Änderungen vornehmen. Beispielsweise nur das Cover ändern und nicht direkt das gesamte Produktlisting. Wie möchte man sonst herausfinden, ob die verbesserten Verkäufe wegen der Beschreibung, des Covers oder des Preises zustande kommen?

Für die Änderungen direkt im Advertising gilt ein ähnliches Prinzip. Die Empfehlungen von Amazon decken sich mit der gerade aufgestellten Theorie. Hier zwei Beispiele, wie man es laut Amazon eben nicht machen sollte: (Amazon.com, Inc., 2020):

- Anlegen einer neuen Kampagne mit der Strategie „Dynamische Gebote – nach oben und unten" und diese mit bestehenden Kampagnen vergleichen, die die Strategie „Dynamische Gebote – nur nach unten" einsetzen. Eine neue Kampagne, für die spärliche Leistungsdaten vorliegen, kann nicht treffsicher mit einer bestehenden Kampagne verglichen werden, da die Vorhersage-Algorithmen von Amazon, die dynamische Gebote optimieren, besser funktionieren, wenn mehr Daten vorliegen. Wenn sich die neue Kampagne stark von der bestehenden unterscheidet (z. B. unterschiedliche ASINs, die beworben werden, unterschiedliche Keywords usw.), kann es sein, dass man den Leistungsunterschied nicht eindeutig auf die unterschiedlichen Gebotsstrategien zurückführen kann.

- Erstellen von zwei identischen Kampagnen mit verschiedenen Gebotsstrategien. Diese Kampagnen werden um die gleichen Platzierungschancen konkurrieren und diese Interaktion kann das Ergebnis verzerren. Die anderen Kampagnen haben keinen Einfluss auf Cost-per-Click der Werbeanzeige, aber es ist unwahrscheinlich, dass man mit dieser Prüfungsstrategie klare Ergebnisse erzielen wird.

Unprofitable Anzeigen

Unprofitable Anzeigen machen langfristig meistens keinen Sinn. Auf Amazon möchte man verkaufen und Geld verdienen. Amazon ist ein Marktplatz und dient weniger dazu, seine Marke aufzubauen. Dennoch gibt es ein paar Strategien, bei denen unprofitable Ads Sinn machen können:

Die Launch-Strategie: Um schnell die oberen Plätze in den Suchergebnissen zu bekommen und die organische Reichweite zu verbessern, kann man für die Buchveröffentlichung unprofitable Anzeigen schalten. (Siehe Kapitel „Warum man Werbung schalten sollte".)

Die Eigenwerbung: Man kann auf eigene Autorenkeywords oder auf der eigenen Produktdetailseite eigene Bücher bewerben. Man kann einfach die eigenen ASINs bei der Produktausrichtung hinzufügen. So kann der Kunde nur auf eigene Werbeanzeigen klicken und verlässt das Produkt nicht, um auf Konkurrenzprodukte zu gelangen. Außerdem kann man den Autorennamen als Wortgruppen-Keywordausrichtung aufnehmen, um zu verhindern, dass die Konkurrenz auf den eigenen Autorennamen Werbung schaltet.

Die organischen Produktdetailseiten verbessern: Wie bereits erwähnt gibt es viele Buchvorschläge für den Kunden, die organisch erfolgen. Anzeigen wie beispielsweise „Kunden kauften auch" sind Gold wert, da diese für viele kostenlose Impressionen sorgen. Um dort angezeigt zu werden, kann es Sinn machen, in Vorleistung zu gehen und mehr für die Anzeigen auszugeben, als man Gewinn durch die Anzeigen erzielt. Wenn das eigene Buch oft genug mit einem Konkurrenzbuch zusammen gekauft wird, erscheint nun das eigene Buch bei „Kunden kauften auch" oder „Wird oft zusammen gekauft".

Der Customer Lifetime Value: Durch eine professionelle Autorenseite kann man seine Marke verbessern. Wenn man weitere Produkte im Internet anbietet, kann es Sinn machen, unprofitable Anzeigen zu schalten, um mehr Kunden zu gewinnen. Jeder Kunde ist eventuell ein Follower auf YouTube mehr und trägt dazu bei, die Marke zu stärken.

Den Wettbewerb verdrängen: Das Prinzip der Eigenwerbung lässt sich auch auf den Wettbewerb übertragen.

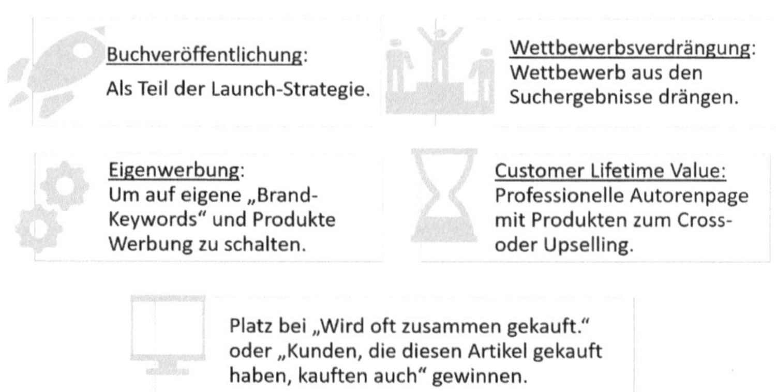

Abbildung 153: Strategien für unprofitable Ads .

Skalierungsmöglichkeiten

Es gibt einige Hebel, die man hat, um die Einnahmen auf Amazon zu verbessern:

Übersetzungen: Das Vorgehen von Amazon KDP ist auf allen Marktplätzen gleich. Durch eine Investition in einen Übersetzer und Proofreader kann man ein Buch auf den Amazon-Marktplätzen USA, England, Frankreich, Spanien und Italien veröffentlichen. Amazon Advertising ist dort ebenfalls verfügbar. Erfahrungsgemäß ist der amerikanische Markt sehr umkämpft und die Klickpreise relativ teuer. Auf dem spanischen, italienischen und französischen Markt gibt es zwar weniger Konkurrenz und geringere Klickpreise, dafür ist die Nachfrage dort geringer. Mit den bekannten Tools kann man auch andere Marktplätze vor der Veröffentlichung analysieren.

Hörbücher: Auf Amazon kann man auch Hörbücher veröffentlichen. Amazon hat eine eigene Plattform für Hörbücher entwickelt, mit der es ganz einfach ist, eigene Audiobooks hochzuladen: https://www.acx.com/. Leider ist Amazon ACX noch nicht in Deutschland verfügbar. Es gibt aber einige Plattformen, die den Vertrieb von Hörbüchern übernehmen: Feiyr, Xinxii oder Liberaudio sind nur ein paar Anbieter. Man sollte sich vorher aber genau die Vertragsbedingungen durchlesen. Amazon ACX sollte aber hoffentlich auch bald in Deutschland verfügbar sein, so dass man unabhängig und direkt auf Amazon Hörbücher veröffentlichen kann. Professionelle Sprecher findet man beispielsweise auf Fiverr.

Mit den Übersetzungen und der Produktion von Hörbüchern hat man eine tolle Möglichkeit, sein Angebot nicht nur zu skalieren, sondern auch zu diversifizieren. Man ist nicht mehr nur von einem Marktplatz abhängig und besitzt Einnahmequellen auf verschiedenen Formaten.

Amazon Advertising: Auch beim Marketing hat man Möglichkeiten, Skalierungen vorzunehmen. Die Aufnahme von mehr Keywords oder Kategorien erhöht natürlich die Sichtbarkeit. Die Erhöhung des CPC steigert die Wahrscheinlichkeit, dass das Buch als Werbung angezeigt wird. Dynamische Gebote mit Erhöhung können gegenüber „dynamischen Geboten – nur senken“ zu mehr Impressionen führen.

Es gibt noch einige Theorien, die aber nicht offiziell von Amazon bestätigt werden:

- Das Kampagnenbudget stark erhöhen, um dem Amazon Algorithmus zu zeigen, dass man viel Geld investieren möchte.
- Eine Kreditkarte für die Zahlungen auf Amazon verwenden, damit Amazon merkt, dass auch Budget vorhanden ist und der Kontostand im Notfall überzogen werden könnte. Außerdem sollte man stets vermeiden, dass Amazon die Werbekosten per Lastschrift nicht einziehen kann.
- Kein Enddatum bei Amazon Advertising einstellen, um dem Algorithmus nicht zu signalisieren, dass bald kein Werbebudget mehr ausgegeben wird. Wie gesagt handelt es sich dabei nur um Vermutungen.

Egal, wie hoch man einen Klickpreis festlegt, irgendwann werden 100 % des Suchvolumens abgedeckt sein. Es gibt also tatsächlich ein Werbelimit nach oben. Man könnte versuchen, mehrere Kampagnen nebeneinander aufzusetzen. Aber wie gesagt, wenn die Daten fehlen, werden neue Kampagnen nicht so gut performen wie bereits bestehende Kampagnen mit viel historischen Daten. Dahingehend sollte man lieber versuchen, in bereits vorhandenen Kampagnen Skalierungen vorzunehmen.

Dass das Suchvolumen nach oben hin begrenzt ist, ist für eine andere Schlussfolgerung noch interessant. Es könnte nämlich einen Punkt geben, an dem das Gebot und die Impressionen in einem optimalen Verhältnis stehen. Um für immer mehr Impressionen angezeigt zu werden, muss man vor allem das Gebot erhöhen, wenn alle anderen Faktoren konstant sind und man keine weiteren Ausrichtungen hinzunimmt. Durch den erhöhten CPC sinkt aber auch die Marge. Im Gegensatz werden immer weniger Impressionen hinzukommen, da der Werbeplatz begrenzt ist. Wenn man das auf die Spitze treibt, kann es passieren, dass man ein Gebot um 100 % erhöht, aber die Impressionen nur noch marginal um ein paar Prozent ansteigen, weil man bereits alle Werbeplätze bekommt. Deswegen sollte man immer genau kontrollieren, was mit den wichtigsten Kennzahlen (Impressionen, Klicks und Bestellungen) passiert, wenn man Variablen ändert.

Veröffentlichungsprozess verbessern: Für fast jede Tätigkeit gibt es einen Freelancer, den man beauftragen kann. Somit kann man viel mehr Bücher in kürzerer Zeit auf Amazon veröffentlichen. Man sollte definitiv überlegen, wo die eigenen Stärken sind und welche Tätigkeiten man lieber abgeben möchte.

Social Media: Vor allem, wenn man Bücher unter seinem eigenen Namen veröffentlicht, macht ein Blog, eine Webseite, Social Media und YouTube definitiv Sinn, um mehr Leute zu erreichen und eine Personenmarke aufzubauen. Um zu sehen, ob eine Marke bereits vergeben ist, lohnt sich ein Blick auf https://www.tmdn.org/tmview/#/tmview. Dieses Tool kann man auch für das Produktlisting oder Autorenprofil benutzen, um zu schauen, ob ein Begriff oder Name eine eingetragene Marke ist.

Abbildung 154: Eingetragene Marken überprüfen.

Anhang

Promocodes, für die ich eine Provision erhalte und von denen Sie durch einen Rabatt profitieren. Die Tools wurden im Buch vorgestellt oder erwähnt.

Helium 10 Tool:

SCIENTIFICECONOMICS10 – 10 % Rabatt jeden Monat

SCIENTIFICECONOMICS50 – 50 % Rabatt im ersten Monat

Buchdeals.de:

MMITTEL25 – 25 € für die erste Buchung

Fiverr:

http://www.fiverr.com/s2/2ad838c013 – 20 % auf die erste Buchung

WirschreibendeinBuch.de:

scientific500 – 500 Wörter gratis beim ersten Auftrag

YouTube Empfehlungen über Amazon KDP und Amazon Marketing:

- Mein Kanal: Scientific Economics
- Nomad Publishing (Amazon KDP)
- Business Vibes (Amazon KDP)
- Intomarkets (Amazon Marketing)
- Paul J. Savage (Amazon Marketing – englisch)

Es gibt viele weitere Tools für Amazon. Leider können nicht alle in diesem Buch vorgestellt werden. Die Kennzahlen und das Vorgehen ist aber immer gleich. Man sollte sich ein Tool aussuchen, das zu einem passt und für einen selbst benutzerfreundlich ist.

- Junglescout
- Productor
- Amalytix
- Sellics
- Amalyze
- ...

Nachwort

Ich hoffe, der Inhalt dieses Buchs konnte Ihnen weiterhelfen. Bei Amazon Marketing beruht vieles auf Erfahrung und der Analyse der eigenen Daten. Deswegen müssen Sie überlegen, wie Sie den Inhalt des Buchs auf Ihr Amazon KDP übertragen können. Jedes Genre hat seine Eigenheiten. Werten Sie Ihre eigenen Daten aus.

Natürlich muss ich umsetzen, worüber ich selbst schreibe. Deswegen würde ich mich freuen, wenn Sie das Buch auf Amazon bewerten könnten. Ich habe versucht, so viel Inhalt wie möglich aufzunehmen, ohne dabei zu komplex zu werden. Dennoch sollte das Buch Ihnen denselben Inhalt liefern wie Online-Kurse für Hunderte Euro.

Einige Inhalte aus dem Buch finden Sie schon jetzt oder in Zukunft auch auf meinem YouTube Kanal: Scientific Economics.

Ich würde mich freuen, wenn Sie dort einmal vorbeischauen.

Literaturverzeichnis

Amazon.com Inc. (2020, 07 11). *https://kdp.amazon.com/de_DE/*. Retrieved from https://kdp.amazon.com/de_DE/: https://kdp.amazon.com/de_DE/help/topic/G201953870#cover

Amazon.com, Inc. . (2020, 07 19). *https://advertising.amazon.de/help*. Retrieved from https://advertising.amazon.de/help: https://advertising.amazon.de/help?entityId=ENTITY8KWLC51X8G86&ref_=AAC_unav_support_center#GYYZVM7LGSRYGWV5

Amazon.com, Inc. . (2020, 07 19). *https://kdp.amazon.com/*. Retrieved from https://kdp.amazon.com/: https://kdp.amazon.com/de_DE/help/topic/G202076750

Amazon.com, Inc. (2020, 07 18). *https://advertising.amazon.de/help*. Retrieved from https://advertising.amazon.de/help: https://advertising.amazon.de/help?entityId=ENTITY8KWLC51X8G86&ref_=AAC_unav_support_center#GWR7CNAP8RM3ZP5Q

Amazon.com, Inc. (2020, 07 18). *https://advertising.amazon.de/help*. Retrieved from https://advertising.amazon.de/help: https://advertising.amazon.de/help?entityId=ENTITY8KWLC51X8G86&ref_=AAC_unav_support_center#GBYSPTSLR337JMLH

Amazon.com, Inc. (2020, 07 18). *https://advertising.amazon.de/help*. Retrieved from https://advertising.amazon.de/help: https://advertising.amazon.de/help?entityId=ENTITY8KWLC51X8G86&ref_=AAC_unav_support_center#G96BDERJLNQGW2Y3

Amazon.com, Inc. (2020, 07 19). *https://advertising.amazon.de/help*. Retrieved from https://advertising.amazon.de/help: https://advertising.amazon.de/help?entityId=ENTITYMZPERAD6UKDD&ref_=AAC_unav_support_center#GWR7CNAP8RM3ZP5Q

Amazon.com, Inc. (2020, 07 12). *https://kdp.amazon.com/*. Retrieved from https://kdp.amazon.com/: https://kdp.amazon.com/de_DE/help/topic/G201189630

Amazon.com, Inc. (2020, 07 13). *https://kdp.amazon.com/*. Retrieved from https://kdp.amazon.com/: https://kdp.amazon.com/de_DE/help/topic/G201953870

Amazon.com, Inc. (2020, 07 16). *https://kdp.amazon.com/de_DE*. Retrieved from https://kdp.amazon.com/de_DE: https://kdp.amazon.com/de_DE/help/topic/G201298500

Amazon.com, Inc. (2020, Juli 07). *https://kdp.amazon.com/de_DE/*. Retrieved from https://kdp.amazon.com/de_DE/bookshelf

Andrews, J. C., Akhter, S. H., Durvasula, S., & Muehling, D. D. (1992). The effects of advertising distinctiveness and message content involvement on cognitive and affective responses to advertising. *Journal of Current Issues and Research in Advertising*, 45-48.

Becker, J. (2009). *Marketing-Konzeption: Grundlagen des strategischen Marketing-Managements.* München: Vahlen.

Bernhard, U. (1978). *Blickverhalten und Gedächtnisleistung beim visuellen Werbekontakt unter bersonderer*

Berücksichtigung von Platzierungseinflüssen. Frankfurt/Main: Haag und Herchen.

diva-e Products GmbH. (2020, 07 13). *https://www.intelliad.de.* Retrieved from https://www.intelliad.de: https://www.intelliad.de/ecommerce-branchenindex

diva-e Products GmbH. (2020, 07 18). *https://www.intelliad.de/.* Retrieved from https://www.intelliad.de/: https://www.intelliad.de/ecommerce-branchenindex

Felser, G. (2015). *Werbe- und Konsumentenpsychologie.* Berlin: Springer.

Fries, T., & Bruns, S. (2019). *Amazon Marketplace.* Bonn: Rheinwerk Verlag.

Geffken, M., & Kalka, J. (2001). *Anzeigen perfekt gestalten.* Landsberg/Lesch: moderne industrie.

Häusel, H.-G. (2014). *Neuromarketing.* Freiburg: Haufe.

Heller, E. (1993). *Wie Farben wirken, Farbpsychologie, Farbsymbolik, kreative Farbgestaltung.* Reinbek: Rowohlt Taschenbuch.

Hopkins, C. (1966). *Scientific Advertising.* McGraw-Hill.

IfD Allensbach. (2019, Juli 11). *Anzahl der Personen in Deutschland, die Texte ohne Bilder langweilig finden, von 2015 bis 2019 (in Millionen)* . Retrieved from In Statista. Zugriff am 21. Oktober 2019: https://de.statista.com/statistik/daten/studie/265237/umfrage/medienkonsum-abneigung-gegen-texte-ohne-bilder/

Kelm, C. O. (2019). *Amazon Marketing.* Bonn: Rheinwerk Verlag.

Kotler, P., & et al. (2007). *Grundlagen des Marketing. München: Pearson.*

Kover, A. J., Goldberg, S. M., & James, W. L. (1995). Creativity vs. effectiveness? An integrating classification for advertising. *Journal of Advertising Research*, pp. 29-40.

Kroeber-Riel, W. (1996). *Bildkommunikation, Imagerystrategien für die Werbung*. München: Franz Vahlen.

Kroeber-Riel, W. (2003). *Konsumentenverhalten*. München: Vahlen.

Lachmann, U. (2002). *Wahrnehmung und Gestaltung von Werbung*. Hamburg: Stern.

Meier, B. P., Robinson, M. D., & Clore, G. L. (2004). Why the good guys wear white. Automatic inferences about stimulus valance based on brightness. *Psychological Science*, pp. 82-87.

Meyer-Hentschel, M. C. (1993). *Erfolgreiche Anzeigen. Kriterien und Beispiele zur Beurteilung und Gestaltung*. Wiesbaden: Gabler.

Meyer-Hentschel, M. C. (1993). *Erfolgreiche Anzeigen: Kriterien und Beispiele zur Beurteilung und Gestaltung*. Wiesbaden: Gabler.

Mittelstaedt, M. (2020). *Konsumentenpsychologie und Konsumentenverhalten*. Independently Published.

Neumann, P. (2013). *Handbuch der Markt- und Werbepsychologie*. Bern: Hogrefe.

Ogilvy, D. (1984). *Ogilvy über Werbung*. Düsseldorf: Econ.

Puhalla, M. (2008). Perceiving hierarchy through intrinsic color structur. *Visual Communication* , 199-228.

Readbox publishing GmbH. (2020, 07 09). *infogram*. Retrieved from infogram: https://infogram.com/teil-1-readbox-jahresruckblick-2018-1h9j6q5en9wv6gz?live

Ruge, H.-D., & Andresen, T. B. (1994). *Acht Barrieren für die strategische Bildkommunikation. In Forschungsgruppe Konsum und Verhalten. München: Vahlen.*

Scheier, C., Bayas-Linke, D., & Schneider, J. (2011). *Codes. Die geheime Sprache der Produkte.* Freiburg: Haufe.

Seward, T. P. (2019). *Ultimate Guide to Amazon Advertising.* Irvine California: Entrepreneur Media Inc.

Trommsdorff, V. (2009). *Konsumentenverhalten.* Stuttgart: Kohlhammer.

von Rosenstiel, L., & Kirsch, A. (1996). *Psychologie der Werbung.* Amberg: Komar.

Wagner, A. (2020). *Amazon Werbung für Autoren.* Wien: Independently published.

Wilkens, A. (2018). *Become a Bestseller on Amazon.com.* Independently Published.

Wimmer, R.-M. (1988, 02 01). *Absatzwirtschaft.* Retrieved from Menschen sind Augentiere: https://printarchiv.absatzwirtschaft.de/Content/_p=1004692,an=028801036

Impressum

Independently Published

ISBN: 9798671576481

Max Mittelstaedt

Curt-Goetz-Str 23

06132 Halle

Lektorat: Corinna1111 (Fiverr)

Cover: Diana M. (E-Mail auf Nachfrage)

Mein Coaching

Printed in Poland
by Amazon Fulfillment
Poland Sp. z o.o., Wrocław

73481780R00132